Giovanni Falcone, zuletzt als Leiter der Abteilung Strafrecht im Justizministerium in Rom tätig, fiel am 23. Mai 1992 in Palermo einem Attentat der Mafia zum Opfer.

Marcelle Padovani, Schriftstellerin, Journalistin und Italienkorrespondentin für den Nouvel Observateur, führte zwischen März und Juni 1991 die zwanzig Gespräche mit dem Richter Falcone, die Grundlage dieses Buches sind.

Dieses Buch wurde auf chlor- und säurefreiem Papier gedruckt.

Vollständige Taschenbuchausgabe April 1993
Droemersche Verlagsanstalt Th. Knaur Nachf., München

Titel der Originalausgabe »Cosa Nostra«
Aus dem Französischen von Maria Wolf
Das Buch erschien bei Herbig unter dem Titel »Inside Mafia«
Umschlaggestaltung Adolf Bachmann, Reischach
Umschlagfoto Camerapress/dpa
Druck und Bindung Ebner Ulm
Printed in Germany 5 4 3 2 1
ISBN 3-426-80012-8

Giovanni Falcone/Marcelle Padovani

Mafia intern

Knaur®

Inhalt

Das beste Wort ist das, das man verschweigt.
Altes sizilianisches Sprichwort

Zu diesem Buch

Mit der Ermordung des Richters Falcone, der legendären Hauptfigur der Antimafia, hat die Cosa Nostra in dreifacher Hinsicht ihr Ziel erreicht: Sie hat Rache genommen an einem alten Feind, der die gerichtliche Verurteilung der *Paten* veranlaßt und damit den Mythos der Unantastbarkeit der großen Bosse zerstört hatte; sie hat einen mutigen Fachmann beseitigt, der auf dem besten Wege war, Chef der Supra-Staatsanwaltschaft zu werden, einer neugeschaffenen Institution zur nationalen Zentralisierung aller Mafiaermittlungen, und sie hat gleichzeitig interne Spannungen und Probleme innerhalb der *Organisation* beigelegt beziehungsweise beseitigt.
Auch wenn die Urheber des Blutbads vom 23. Mai 1992 in Palermo noch nicht ermittelt werden konnten, so hat die Ermordung Giovanni Falcones der Öffentlichkeit dennoch einen so heftigen Schock versetzt, daß zum ersten Mal in der Geschichte der Antimafia die Polizei interessante Zeugenaussagen über die Vorbereitung und Entwicklung des Attentats sammeln konnte. Und es ist ohne Zweifel der letzte Sieg des Richters Falcone, daß das Gesetz des Schweigens, die *omertà*, als traditioneller Schutz des Mafioso vor der Strafverfolgung durch den Staat, nachhaltig gebrochen werden konnte und damit die Verbindungen der Cosa Nostra zur sizilianischen Gesellschaft ins Schwanken geraten sind.
Falcones Hinterlassenschaft und sein Beispiel werden Konsequenzen nach sich ziehen, deren Ausmaß im Bereich der Justiz, aber auch der Moral und der Politik noch nicht abzuschätzen ist.

Juli 1992 *Marcelle Padovani*

Vorwort zur Ausgabe von 1991*

»Feind Nummer eins der Mafia«: Das ist sein Etikett. Der Richter Giovanni Falcone ist 52 Jahre alt und schon jetzt eine Legende. Elf lange Jahre seines Lebens kämpft er bereits von seinem Bürobunker im Justizpalast Palermos aus in aller Öffentlichkeit und im Untergrund gegen die Cosa Nostra. Über seine Arbeit berichtet er in diesen Gesprächen. Nicht um ein Testament zu hinterlassen. Auch nicht, um Lehren zu erteilen. Und am allerwenigsten, um den Helden zu spielen: »Ich bin nicht Robin Hood«, witzelt er, »ich bin allerdings auch kein Kamikaze und schon gar kein Trappist. Ich bin lediglich ein Diener des Staates auf feindlichem Gebiet.« Die Zusammenfassung seiner Erfahrungen ist somit eine Reflexion, eine Zwischenbilanz. Für einen Augenblick hält er inne, um nachzudenken, denn nun übernimmt er neue Funktionen: Am 13. März 1991 wurde Giovanni Falcone zum Leiter der Abteilung Strafrecht im Justizministerium in Rom berufen. Weit weg von Palermo.

Die Hauptstadt Siziliens, das verpanzerte Leben, die erdrückende Atmosphäre des Justizpalastes, die vielen Morgenstunden, die er damit verbrachte, Aussagen der *pentiti*, der Überläufer, wieder und immer wieder hinter den dicken Vorhängen des gut geschützten Büros zu lesen, die umständlichen Fahrten mit Begleitschutz und heulenden Sirenen: Das alles läßt er hinter sich. Für ihn sicherlich eine Erleichterung. Aber er macht sich keine Illusionen, ordnungsge-

* Die französische Originalausgabe »Cosa Nostra« erschien 1991 zu Lebzeiten Falcones. Das Vorwort zu dieser Ausgabe wurde zwar inzwischen von den Ereignissen überrollt, enthält jedoch eine Fülle von Informationen, auf die zum Verständnis des Buches nicht verzichtet werden kann.

mäß vorgewarnt durch das fehlgeschlagene Attentat vom 21. Juni 1989, als fünfzig Stangen TNT in den Felsen versteckt waren, nur zwanzig Meter von seinem Ferienhaus entfernt: »Sie haben mich zwar nicht getötet, aber der Kreis ist noch nicht geschlossen. Meine Rechnung mit der Cosa Nostra bleibt offen. Ich weiß, daß ich sie nur durch meinem Tod begleichen werde — sei er natürlich oder nicht.« Der große *pentito* der Mafia, Tommaso Buscetta, hatte ihn im übrigen von Beginn seiner Geständnisse an gewarnt: »Zunächst werden *sie* versuchen, mich zu töten, aber dann sind Sie an der Reihe. Sie werden nicht nachlassen — bis *sie* Sie haben.«

Rom ist nur scheinbar ruhiger als Palermo. Die Mafiabosse haben sich auch dort schon vor langer Zeit niedergelassen. Die kaltblütige palermische »Familie« von Santa Maria di Gesù hat ihre Fühler ausgestreckt. Der »Kassierer der Mafia«, Pippo Calò, hat längst sein Netz gespannt mit allem, was man an Mafiosi, Gangstern und Politikern braucht.

Daß Falcone ausgerechnet diese Stadt als künftigen Arbeitsplatz wählte, hat mehrere Gründe: In der Hauptstadt der Cosa Nostra gewährte man ihm nicht mehr die für die Durchführung seiner Ermittlungen notwendigen Gelder, und außerdem begann die Verfahrensaufsplitterung, die Antimafia-Richter zu lähmen. Man neigte insbesondere dazu, sie als Symbol — oder als Alibi — für einen Kampf, der keiner mehr war, zu mißbrauchen. Im Bewußtsein, künftig keine völlig neuen Strategien im Kampf gegen die Mafia erfinden zu können, wollte der Mann des »Maxi-Prozesses«, dem es gelungen war, die Oberhäupter der Mafia vor den Richterstuhl zu ziehen, nicht tatenlos zusehen. Er ging fort. Seinen Informationsschatz kann er nicht nur an der palermischen Front nutzen. Denn Falcone geht es letztendlich nicht mehr darum, selbst Ermittlungen durchzuführen, sondern die Bedingungen für die Beschleunigung und die größere Effizienz künfti-

ger Ermittlungen zu schaffen und dementsprechend für stabile Koordinationsstrukturen zwischen den Richtern zu sorgen.
Das Klima hat sich gewandelt in der sizilianischen Hauptstadt: Die Euphorie der Jahre 1984 bis 1987 — mit der Blütezeit der *pentiti*, der Bildung von Antimafia-Pools, dem von Meisterhand geführten Prozeß gegen die Kuppel — hat sich gelegt. Man spürt in dieser undurchdringlichen und geheimnisvollen Stadt, in der das Gute wie das Böse gleichermaßen exzessiv vertreten sind, das enorme und kraftlose Verlangen nach Rückkehr zur Normalität. Ordnungsgemäß verurteilte Mafiosi wurden wegen einer Reihe formaler Gründe wieder auf freien Fuß gesetzt. Einige wohlbekannte Gesichter lassen sich wieder in berühmten Restaurants blicken. Die Polizei wurde aufgerieben, die Richterpools schachmatt gesetzt. Die Front ist zerfallen.
Die Cosa Nostra hingegen hat sich aus ihrer scheinbaren Erstarrung zurückgemeldet. Niemand redet mehr vom *pax mafiosa*, der einerseits nach den schweren Verurteilungen im Zuge des Maxi-Prozesses und andererseits unter dem diktatorischen Einfluß der »Corleonesen« auf die *Organisation* geschlossen wurde. Immer mehr Zeichen deuten auf einen geplanten Racheakt der palermischen Familien zur Wiedereroberung der 1982 an die Corleoneser Familien und deren Oberhäupter Salvatore Riina, Bernardo Provenzano und den alten Luciano Leggio, der zur Zeit im Gefängnis sitzt, verlorenen Vorherrschaft. Die Mafia durchlebt eine kritische Phase: Sie muß zugleich ihre innere Glaubwürdigkeit und ihr äußeres Bild, die beide sehr gelitten haben, stärken.
»Uns bleiben zwei, drei Jahre, um die angesammelten Erkenntnisse auszuwerten«, betont Falcone immer wieder. Zwei Jahre, »um die Teamarbeit und die Professionalität wieder in Gang zu bringen. Danach werden wir alles wieder vergessen haben, und vor allen Dingen werden wir dann erneut im unge-

wissen sein. Die Informationen verfallen schnell, und wir müssen neue Kampfstrategien erarbeiten.«
Ich traf Richter Falcone das erste Mal 1984 am Gericht in Palermo hinter seinen gepanzerten Türen, seinen elektronischen Überwachungssystemen und seinen ständig angeschalteten Kontrollbildschirmen. Ich war beeindruckt von der Klarheit seiner Gedanken, der Qualität seiner Informationen, der Entschlossenheit seines Engagements gegen die Mafia und seiner geradezu methodischen Zurückhaltung — nicht zuletzt aus der Überzeugung heraus, stets auf der Hut sein zu müssen?
Sein Umfeld bewunderte, verspottete teilweise seine unerschöpfliche Leistungsfähigkeit und seine Opferbereitschaft. Zumindest lebte er elf Jahre lang in der künstlichen Atmosphäre von Gerichtshöfen, Gefängnissen und überbewachten Büroräumen. Er ging nie aus. Die Sonne sah er lediglich durch die Panzerscheibe seines Alfa Romeos. Vor seinem Haus sorgten zwei Polizisten in einem Wachhäuschen Tag und Nacht für seine Sicherheit. In einem Brief an den *Giornale di Sicilia* schlugen besorgte Mieter des Wohnhauses vor, man möge doch alle Richter, die die Sicherheit der anderen gefährdeten, in einer Art Festung verschanzen. Warum nicht gleich in ein Gefängnis sperren? . . .
Ich traf in regelmäßigen Abständen immer wieder mit Richter Falcone zusammen: für den *Nouvel Observateur*, zunächst für ein Buch*, dann für einen Film**, den wir mit dem Regisseur Claude Goretta 1987 am Ende des Maxi-Prozesses drehten. Während der zweimonatigen Dreharbeiten gab ihm das Fernsehteam den Spitznamen Johnny und achtete auf die Einhaltung der Sicherheitsmaßnahmen, die die mit seinem Schutz beauftragten jungen Polizisten anwandten: In den Hotelhallen und Restaurants nannten wir niemals seinen Namen, aus

* *Les dernières années de la mafia* (Die letzten Jahre der Mafia), Folio Editions Gallimard, 1987.
** *Les Ennemis de la mafia* (Die Feinde der Mafia), Canal +, 1987.

Angst, unbewußt dem »Feind« einen Hinweis bezüglich seiner Person oder seines Aufenthaltsortes zu geben. Dennoch war er stets unser Hauptgesprächsthema. Schließlich gewährte uns Johnny ein vierzigminütiges Interview. Dort lernten wir einen ganz anderen Menschen kennen: lustig, humorvoll und lebensfroh, einen Mann, den sein schweres Leben weder reute noch beunruhigte oder beängstigte. Ein Sizilianer *illuministe*, wie die Italiener sagen, um auf das Zeitalter der Aufklärung anzuspielen, im Gegensatz zum Zeitalter der Unvernunft, in dem wir heute leben. Ein zurückhaltender Mann, der persönliche Themen vermied wie die Pest.

Je länger wir uns unterhielten, desto mehr lernte ich übrigens auch, selbst eine verschlüsselte Sprache zu sprechen, Zeichen und Stimmregungen zu deuten, nie zuviel zu fragen und schon gar nicht zuviel zu sagen. Exakt, wie es Falcone mit seinen Mafiosi auf der Anklagebank tat. Exakt, wie es die Mafiosi untereinander handhaben, stets wachsam bei ihrer täglichen Deutung der Zeichen. Eine faszinierende intellektuelle Übung, die bestens die Eitelkeit langer Ausschweifungen verdeutlicht und zum sparsamen Umgang mit Worten anregt: Die Dichte des Gesagten ist so groß, daß sie die spektakulärste Handlung aufwiegt.

Ist es nun eigentlich sicher, daß Giovanni Falcone uns nicht eine Lektion erteilen wollte? Im Laufe der zwanzig Gespräche, aus denen sich das Gerüst für dieses Buch zusammensetzt, wurde mir die Einsamkeit dieses ungewöhnlichen Richters noch deutlicher als in Palermo. Dennoch hat ihn sein Optimismus in bezug auf den Ausgang seiner Schlacht nie verlassen. Weder der Undurchsichtigkeit eines großen Ministeriums noch der Logik der Staatspolitik, noch dem Machiavellismus der römischen *palazzi* ist es gelungen, ihn von seiner fixen Idee abzubringen: Der Staat verfügt über die Mittel, die Mafia zu bekämpfen.

Falcone ist noch heute einzigartig, »anormal« im Panorama

der italienischen Richterschaft. Eine bürgerlich-konservative Familie im Herzen Palermos. Sein Vater ein Beamter der Provinz. Seine Mutter eine sehr fromme Frau, die ihn in die Arme der Kirche treibt. Als Kind ist er ein gewissenhafter Meßdiener und bewahrt auch als Erwachsener einen nostalgischen Respekt vor dem Glauben. Als Jugendlicher ist er ein leidenschaftlicher Ruderer und beginnt, sich Gedanken über seine Zukunft zu machen: »Was soll ich werden: Richter oder Arzt?« In dieser Zeit begeistert ihn ein sehr theoretisches Aufsatzthema von Giuseppe Mazzini, das in etwa lautet: »Das Leben ist eine Mission, die Pflicht ist sein oberstes Gebot.« Wenn Falcone heute von seinem Vater spricht, betont er immer wieder dessen strenge Disziplin: »Er brüstete sich damit, nie in seinem Leben den Fuß in eine Bar gesetzt zu haben.«

Schließlich denkt der junge Falcone nicht mehr an die Medizin, sondern an die Marineakademie, an der er sich zur selben Zeit einschreibt wie an der juristischen Fakultät in Palermo, welche ihn letztlich festhält: 1964 wird Falcone Richter. Er erinnert sich an seine damalige Denkweise, die ihn in gewisser Weise auch heute noch beseelt: »Ich gehöre zu der Kategorie Menschen, die glauben, daß jede Aktion zum Ende gebracht werden muß. Ich habe mich nie gefragt, ob ich ein bestimmtes Problem angehen soll oder nicht, sondern immer, wie ich es angehen muß.«

Geprägt von spartanischen Prinzipien, konnte er sich nicht mit seiner ersten Liebe, dem Zivilrecht, zufriedengeben. Er schuldete es sich selbst, ins Strafrecht einzusteigen, und mehr noch: in die Prozesse gegen die Mafia. Wie kann man in Sizilien auch anders, wenn man konsequent ist? Journalisten, auf der Durchreise in Palermo, wollten immer wieder wissen, wie er lebe, wie groß seine alltägliche Furcht sei, ob ihm die lauernde Gefahr Angst bereite. Er antwortete stets aufrichtig: »Natürlich begleitet mich der Gedanke an den Tod ständig. Aber er wird schnell zu einer zweiten Natur, wie schon Montaigne sagte. Deshalb ist man stets auf der Hut, man kalkuliert, man beobachtet, man stellt sich darauf ein, man vermeidet Gewohnheiten, man geht Menschenansammlungen und jederart unkontrollierbaren Situationen aus dem Weg. Mit der Zeit eignet man sich allerdings auch ein ordentliches Quentchen Fatalismus an; schließlich kann man an so vielen Dingen sterben, sei's durch einen Verkehrsunfall, einen Flugzeugabsturz, eine Überdosis, an Krebs oder sogar einfach so!«

Die Ironisierung des Todes gehört zum kulturellen Erbe des Sizilianers. Leonardo Sciascia sparte nicht damit. Falcone seinerseits erzählt gern von den Witzeleien am Rande des Maxi-Prozesses: »Mein Kollege Paolo Borsellino* kam zu mir nach Hause und meinte: ›Giovanni, du mußt mir unbedingt sofort die Kombination für den Tresor in deinem Büro geben.‹ Ich frage ihn: ›Wofür?‹ Er antwortet: ›Na, im Falle sie dich töten, wie sollen wir ihn sonst öffnen?‹« Oder er erinnert sich auch der schwülen Nachmittage in der Hauptstadt Siziliens, die er mit seinen Kollegen des Antimafia-Pools damit verbrachte, eigene makabre Todesanzeigen für den *Giornale di Sicilia* zu verfassen.

Falcone sollte ein klassischer Richter werden, ein Diener des Staates, der erwartet, daß der Staat respektiert wird, und zwar nicht irgendeine idealistische Vorstellung des Staates, sondern dieses Staates, wie er ist. Es gehört nicht einmal zu den geringsten Gegensätzen dieses Mannes, daß ausgerechnet er, der lediglich das Gesetz anwenden wollte, zum unliebsamen Außenseiter, zum leidigen Richter und schließlich zum Helden wurde. Ausgestattet mit einer unglaublichen Leistungsfähigkeit, dem Gedächtnis eines Elefanten und der rich-

* Paolo Borsellino wurde am 19. Juli 1992 vor dem Haus seiner Mutter in Palermo von einer Bombe zerfetzt. Mit ihm starben fünf Leibwächter. Borsellino war als Nachfolger Falcones gerade zwei Monate im Amt.

tigen Methode, die Polizei intelligent zu nutzen, kümmerte er sich zunächst darum, seine persönliche Sicherheit zu organisieren und sich mit qualifizierten Leuten zu umgeben, und hielt sich in der Ausübung seines Metiers als Ermittler stets an seine Prinzipien: Nie verfolgte er eine Sache, deren Erfolg nicht gesichert war; nie zielte oder schoß er auf verschwommene Ziele; nie ließ er sich auf einen persönlichen Konflikt mit einem angeklagten Mafioso ein. Die Unternehmen »Pizza Connection«, »Iron Tower« und »Pilgrim«, die er zusammen mit amerikanischen Ermittlern durchführte, und schließlich der Maxi-Prozeß 1986 — ein wahres Meisterstück — sind das Ergebnis dessen, was unter der Bezeichnung »Falcone-Methode« in die Geschichte eingehen wird.
Man kann sich daran versuchen, die Beziehung dieses pragmatischen, von jeglicher ideologischen Abstraktion weit entfernten, sachlichen, aber zurückhaltenden Richters, der stets auf die Einhaltung der Normen achtete, zu einem dieser Mafiabosse oder einem dieser *pentiti*, die er unermüdlich verhört hat, zu rekonstruieren. Ob sie ausfallend wurden oder das arme Opfer spielten, ob sie sich ganz in Verschwiegenheit hüllten oder sich in absurden Geständnissen ergingen: Falcone setzte ihnen stets unerschütterliche Ruhe und Sicherheit entgegen. Unnachgiebig und ohne ein Auge zuzudrücken. Keine Duzerei, keine Beleidigungen. *Sie* müssen sich dessen bewußt werden, daß sie es mit dem Staat zu tun haben, sagt Falcone. »Als ich Michele Greco, den Chef der Cosa Nostra in Palermo, verhörte, warfen wir uns manchmal den Satz zu: ›Schauen Sie mir in die Augen!‹, denn wir kannten beide die Bedeutung der Blicke, die eine bestimmte Behauptung begleiten müssen.«
Darin liegt der Haupttrumpf Falcones: Er ist Sizilianer und sogar Palermer. Sein ganzes Leben hatte er umhüllt von der undurchsichtigen Kultur der Mafia verbracht, so wie jeder x-beliebige Sizilianer und wie jeder x-beliebige Mafiosi. Er

kennt das gesamte Vokabular der Kleinigkeiten, der Gesten und angedeuteten Gesten, die manchmal für ein Wort stehen, im Schlaf. Er ist sich sicher, daß alles in der Welt der Cosa Nostra eine Bedeutung hat und in einen logischen Zusammenhang eingeordnet werden kann. Er kennt die mafiose Mentalität in- und auswendig. Er war davon überzeugt, daß in unserer Konsumgesellschaft, in der traditionelle Werte mehr und mehr verfallen, die strengen Regeln der Mafia eine scheinbare Lösung, eine Ausflucht anbieten können, der es äußerlich betrachtet nicht einmal an Würde fehlt, und er lernte im Laufe der Zeit, seine Gesprächspartner zu respektieren, obwohl sie Kriminelle waren.

Teilweise entdeckte er bei ihnen sogar eine ungeahnte Humanität: »Welche Wärme, welche Freundschaft sich da sogar am Ende unserer Gespräche mit den *pentiti* Buscetta, Mannoia oder Calderone zeigte!« Übrigens, jener Calderone, der den Zeitungen erklärte: »Ich habe mit Falcone zusammengearbeitet, weil er ein Ehrenmann ist«, und der Falcone nach seiner Ausreise aus Italien mit unbekanntem Ziel — was ihm ermöglichen sollte, der nach seinen Geständnissen gegenüber der Justiz unausweichlichen Rache der Cosa Nostra zu entfliehen — jenen überraschenden Brief zukommen ließ: »Sehr geehrter Herr Richter, ich hatte keine Zeit mehr, mich von Ihnen zu verabschieden, was ich heute nachholen möchte. Ich hoffe, daß Sie den Kampf gegen die Mafia mit der stets gleichen Geisteshaltung weiterverfolgen werden. Ich habe versucht, zu Ihrer Arbeit meinen bescheidenen Beitrag rückhaltlos und wahrheitsgetreu zu leisten. Ich bin nun einmal mehr gezwungen auszuwandern und glaube nicht, daß ich jemals wieder nach Italien zurückkehren werde. Ich denke, ich habe ein Recht, ein neues Leben zu beginnen, aber in Italien wäre das nicht möglich. Mit vorzüglicher Hochachtung, Antonino Calderone.«

Fasziniert Giovanni Falcone die Mafia? Tatsächlich ist Falcone der einzige Richter, der mit der ganzen Kraft und Beständigkeit seines Engagements seine Methoden und sein Wissen als Ermittler auf eine einzigartige und komplexe Sache gerichtet hat — auf die Cosa Nostra. Plötzlich ist er der einzige, der in der Lage ist, zu verstehen und zu erklären, warum die sizilianische Welt logisch, rational, funktionsfähig und erbarmungslos ist. Logischer, rationaler und unerbittlicher als der Staat. Falcone aber trieb das Paradoxon noch auf die Spitze: Angesichts der Ignoranz und Leichtfertigkeit der Regierung mußte er die Mafiosi und ganz besonders die *pentiti*, die Opfer der *vendetta transversale* wurden, am Ende noch gegen den Staat verteidigen (die Cosa Nostra tötete ihre Väter, Mütter oder Freunde als Strafe dafür, daß sie das Schweigen gebrochen hatten). Erst durch ein Gesetz von 1991 kamen sie in den Genuß eines offiziellen Schutzprogramms und erhielten somit auch ein Recht auf Leben. Es kam also nicht selten vor, daß Falcone auf der anderen Seite stand, auf der Seite der Mafiosi oder Exmafiosi, um sie vor der Ignoranz des Staates zu verteidigen.

So stellt sich also die Situation dieses außergewöhnlichen Richters dar: Er ist derjenige, der die Mafia am besten bekämpfen kann, da er sie besser kennt und versteht als jeder andere. Und ist es letztlich nicht völlig normal, daß ein wahrer Staatsfanatiker von der Mafia fasziniert ist, eben weil sie die Rationalität eines Staates verkörpern kann?

Die Mafia als System der Macht, als Ausdruck der Macht, als Metapher der Macht und als Pathologie der Macht. Die Mafia, die dort, wo der Staat tragischerweise fehlt, zum Staate wird. Die Mafia als Wirtschaftssystem, das seit jeher in illegale, aber ausgesprochen lukrative und systematisch ausbeutbare Geschäfte verwickelt war. Die Mafia als kriminelle Organisation, die die traditionellen sizilianischen Werte nutzt und ausnutzt. Die Mafia erscheint wie ein vielversprechendes Modell in einer Welt, in der sich einerseits das Konzept der

Bürgerschaft aufzulösen droht, während sich andererseits die Zugehörigkeit zu festigen versucht, indem der Bürger mit seinen Rechten und Pflichten lieber einem Clan, einer Gruppe von Anhängern oder der Kundschaft den Vorrang gibt. Sicherlich bietet der politische Inhalt ihrer Machenschaften unbestritten eine Alternative zur Demokratie. Wie viele aber sind sich heute der Gefahr bewußt, die sie für die Demokratie bedeutet?

Ich habe zwanzig Gespräche, die ich zwischen März und Juni 1991 mit dem Richter Falcone geführt habe, in sechs Kapitel aufgeteilt, die sich wie ebenso viele konzentrische Kreise um den Kern des Mafiaproblems ziehen: den Staat.
Zum ersten Kreis gehört die Gewalt, die am unmittelbarsten wahrnehmbare Äußerung der Cosa Nostra. Zum zweiten Kreis gehören die Boten und Botschaften der *Organisation*. Zum dritten Kreis gehören die unzähligen Berührungspunkte und Verflechtungen zwischen der Mafia und Sizilien. Zum vierten die *Organisation* als solche. Zum fünften ihre Existenzberechtigung: der Profit. Der sechste Kreis ist ihrer Triebfeder gewidmet: der Macht. Es erschien mir, daß diese Reihenfolge, von den am leichtesten wahrnehmbaren bis hin zu den verborgensten Äußerungsformen der Mafia, das Wesentliche meiner Gespräche mit Falcone wiedergeben kann. Dennoch habe ich versucht, den Schwerpunkt auf das direkte Zeugnis eines der Helden der Antimafia zu legen. Dieses Buch erhebt nicht den Anspruch, eine vollständige Synthese all dessen zu sein, was man über die Mafia wissen kann oder was Falcone über sie weiß. Es ist lediglich die Synthese »einer gewissen Anzahl von Dingen«, die er über diese unglaubliche *Sache*, die *Cosa Nostra*, angesammelt hat.

Marcelle Padovani

1.
Gewalt

Die Cosa Nostra verfügt über ein breites Mordinstrumentarium. Bei dem fehlgeschlagenen Attentat vom 21. Juni 1989 auf das Haus, das ich in Addaura, in der Nähe von Palermo, gemietet hatte, hatten sie fünfzig Stangen Sprengstoff am Rande der Felsen installiert.
Die Lupara jedenfalls ist aus der Mode. Dieses berühmte Jagdgewehr mit dem abgesägten Lauf, das früher quasi das Markenzeichen der Mafiamorde war, ist mit seinem bäuerlichen Handwerkscharakter den Anforderungen der modernen Mafia kaum noch gewachsen. Heute werden im allgemeinen die mit Expansionsgeschossen geladenen kurzläufigen Waffen bevorzugt, vor allen Dingen die Kaliber .38 und .357 Magnum, bei den komplizierteren und schwierigeren Morden natürlich die langläufigen Waffen aus dem Ausland, wie die Kalaschnikow, die Bazookas, die Granatwerfer und natürlich die Sprengsätze. Diese wurden nicht nur für mein Sommerhaus verwendet, sondern auch bei der Ermordung des Richters Rocco Chinnici im Jahr 1983, der bei der über Fernsteuerung gezündeten Explosion seines bis oben hin mit TNT vollgestopften Autos von der Straße gefegt wurde.
Die Cosa Nostra hat sich sogar in bezug auf ihre Mordtechniken dem Wandel der Zeit angepaßt und sich mit immer militaristischeren Waffen ausgerüstet: ein Beweis mehr für das bedauerliche Aggressivitätsniveau, das diese Organisation inzwischen erreicht hat.
Die Untersuchung der Waffen ist eine wertvolle Informationsquelle. Die Ermordung der Bosse Stefano Bontate mit

einer Lupara und einer Kalaschnikow und Salvatore Inzerillo mit einer Kalaschnikow, das versuchte Attentat auf Salvatore Contorno ebenfalls mit einer Kalaschnikow und die zwei aufeinanderfolgenden Morde wieder mit Kalaschnikows, denen ein Mafioso aus Catania, Alfio Ferlito, und der Präfekt von Palermo, Carlo Alberto Dalla Chiesa, zum Opfer fielen, ließen den Schluß zu, daß für alle fünf Morde beziehungsweise Mordversuche ein und dieselbe Waffe benutzt wurde und für die letzten beiden Morde eine zweite hinzukam. Damit war uns klar, welche beiden Lager sich in diesem neuen Mafiakrieg gegenüberstanden.

Man ahnt nicht, was eine solche Entdeckung für unsere Ermittlungen, für den Prozeß und für das Verständnis der Zusammenhänge innerhalb der Mafia bedeutete, vor allem in einer Zeit, in der die *omertà*, das Gesetz des Schweigens, trotz allem noch die Regel war. Diese Entdeckung bestätigte uns, daß die Cosa Nostra immer noch eine Einheit war.

Die verwendeten Waffen enthüllten manch ein Geheimnis über die Organisation der Mafia, ihre illegalen Geschäfte und ihre internationalen Verbindungen. Benutzt die Mafia auch andere Waffen als Schußwaffen, zum Beispiel Gift?

Während des »großen Krieges«* von 1981 bis 1983 verschwindet plötzlich ein bedeutender Mafioso, Mitglied der Familie von Partanna Mondellos: Rosario Riccobono. Das muß etwa im November 1982 gewesen sein. Mit ihm sterben um die zwanzig Männer, sein Stab oder Hof — wie immer man es nennen will. Innerhalb der Cosa Nostra war er der »Terrorist«, weil ihn jeder zu allem fähig hielt, auch zum höchsten Verrat. Nun war er verschwunden, und die Polizei wurde unruhig: Sie ging davon aus, daß diese zwanzig Ma-

* Gemeint ist der zweite größere Konflikt innerhalb der Cosa Nostra, bei dem sich zwei Parteien gegenüberstanden: die von den Corleonesen angeführte Gruppe und die »Familie« des Palermers Stefano Bontate. Der erste »Krieg« fand 1962/63 statt.

fiosi alle gleichzeitig während eines Essens vergiftet worden waren, und hielt es für gut möglich, daß Tommaso Buscetta sie in diesen tödlichen Hinterhalt gelockt haben könnte.
Die Geschichte will nicht recht zünden. 1984, als ich Buscetta, später ein ganz großer *pentito*, zum ersten Mal begegnete, fragte ich ihn, was es denn mit dieser Geschichte von den zwanzig verschwundenen Männern auf sich habe, die er angeblich vergiftet haben soll. Er fing an zu lachen und sagte: »Halten Sie die Mafia wirklich für so naiv? Glauben Sie wirklich, daß ein Chef wie Riccobono seinen ganzen Generalstab mitnimmt?« Das schien in der Tat unwahrscheinlich.
Das traditionelle Mißtrauen der Leute der Cosa Nostra ist bekannt, und der Krieg der Mafia bot nicht gerade Anlaß, die Dinge auf die leichte Schulter zu nehmen. Kurze Zeit später wurde übrigens bekannt, daß Riccobono und seine Leute einer nach dem anderen — fast gleichzeitig — von den Corleonesen und ihren Verbündeten umgebracht worden waren, um die *Organisation* stärker unter Druck zu setzen, vor allem jedoch, um eventuellen Gegenreaktionen der Überlebenden vorzubeugen. Ein einziger aus der Gefolgschaft konnte seine Haut retten: Michele, einer der Brüder Micalizzi, dem es gelang, ihrer wütenden Rache bei dem Attentat auf das Lokal *Singapore 2* zu entgehen. Drei Ehrenmänner ließen dabei ihr Leben, nur Michele konnte entkommen. Übrigens, soweit ich weiß, lebt er heute noch und gehört zu den *scappati*, die der Rache der überlegenen Mafiosi entgehen konnten.*
Damit will ich sagen, daß die Mafiosi keine Borgias sind und daß es unüblich ist, Gift als Kriegswaffe zu verwenden: höch-

* Die Bündnisse innerhalb der Cosa Nostra im Laufe dieses zweiten Mafiakrieges gingen quer durch alle Mafiafamilien. In diesem Krieg ging es nicht, wie im ersten Krieg, um den Konflikt zwischen zwei sich bekämpfenden Familien. Die Verlierer wurden verfolgt und versuchten, der Rache zu entkommen.

stens vielleicht im Gefängnis, mangels Alternativen, um jemanden aus dem Weg zu räumen, aber selbst da ...

Um nochmals auf Riccobono zurückzukommen: Ich möchte ganz besonders die außergewöhnliche Hinterhältigkeit der Corleonesen und ihrer Verbündeten hervorheben, die zunächst das aufsehenerregende gleichzeitige Verschwinden von zwanzig Mafiosi organisierten und anschließend alles unternahmen, um es Tommaso Buscetta in die Schuhe zu schieben. Die Corleonesen* haben stets ein besonderes Talent bewiesen, die Dinge so zu drehen, daß alles auf die Verantwortung der Freunde der Opfer für deren Verschwinden hinzuweisen schien. Die Polizei verfolgte somit die Spur Buscettas, der ein Freund Badalamentis und Inzerillos war und damit ein Freund Riccobonos ...

Allgemein wird behauptet, die Mafia bevorzuge bestimmte Techniken, jemanden aus dem Verkehr zu ziehen. Das ist ein Irrtum. Die Mafia wählt immer den kürzesten und billigsten Weg. Das sind die einzigen Kriterien. Sie hat keinen fetischistischen Hang zu irgendeiner bestimmten Methode.

Am meisten gefällt ihr die *lupara bianca*, das heißt das saubere und einfache Verschwinden des auserwählten Opfers, ohne den geringsten Hinweis auf die Leiche und — wenn möglich — ohne einen Tropfen Blut zu hinterlassen. Ich weiß, daß das besonders diejenigen überrascht, die Mafiafilme gewöhnt sind, in denen der Regisseur nicht gerade mit Tomatensaft gespart hat. Aber, um es noch einmal zu wiederholen, die Mafia bevorzugt die diskrete Vorgehensweise, die kein Aufsehen erregt. Aus diesem Grund ist das Erwürgen zum Mordinstrument Nummer eins der Cosa Nostra geworden. Kein

* Corleonesen sind die Mitglieder der Familie, deren Oberhaupt der inzwischen schon lange im Gefängnis sitzende Luciano Leggio ist und dessen Funktion, nach Aussage der *pentiti*, die berüchtigten Mafiosi Salvatore Riina und Bernardo Provenzano übernommen haben, beide zur Zeit flüchtig.

Schuß, also auch kein Lärm. Keine Wunde, also auch kein Blut. Nachdem das Opfer erwürgt wurde, kann es in aller Ruhe in einem Säurebottich aufgelöst und über eine Rinne, einen Abfluß oder sonst irgendein Loch entsorgt werden.

Die Überlegung der Mafiosi ist einfach und logisch: Wenn man jemanden schon in eine Falle lockt, sich mit ihm beispielsweise auf einem Bauernhof, in einer Garage oder einem Lagerhaus verabredet — und es ist schon ein großer Erfolg, wenn es einem gelingt, die ganzen Einwände und Bedenken zu überwinden —, dann wird man nicht gerade das Risiko eingehen, mit einem Revolver die Aufmerksamkeit der gesamten Nachbarschaft zu erregen. Das Erwürgen ist sehr viel bequemer: kein Lärm, kein Dreck, keine Spuren. Natürlich muß man zu dritt oder viert sein, um die Sache erfolgreich durchzuführen. Der *pentito* Francesco Marino Mannoia sagte mir: »Was glauben Sie, welche Kraft man aufwenden muß, um jemanden zu erwürgen? Wissen Sie, daß das manchmal zehn Minuten dauert, daß sich die Leute wehren, daß sie beißen und treten? Daß es manchen sogar gelingt, sich von ihren Fesseln zu befreien? Aber zumindest ist es ein ›sauberer‹ Mord.«

Alle Methoden sind letztlich gut, vorausgesetzt, sie funktionieren problemlos. Über das *incaprettamento* hat man beispielsweise schon alles mögliche erzählt: Bei dieser Methode werden die Hand- und Fußgelenke des Opfers auf dem Rücken zusammengebunden, wobei der Strick gleichzeitig auch um den Hals gewickelt wird, so daß sich das Opfer bei dem Versuch, sich zu befreien, selbst erwürgt. Es wurde oft behauptet und verbreitet, daß diese Methode denen vorbehalten sei, die man für besonders feige und niederträchtig halte. In Wirklichkeit ist der Grund für das *incaprettamento* sehr viel banaler: Eine Leiche ist als »verkleinertes Modell« sehr viel leichter im Kofferraum zu transportieren. Ein weiteres Beispiel für diesen unbeschreiblichen Pragmatismus der Cosa Nostra!

Unabhängig davon, kann in manchen Fällen das Mordmotiv

die Art und Weise der Ermordung und Beseitigung unmittelbar bestimmen. Der Sänger Marchese wurde mit seinen Geschlechtsorganen im Mund tot aufgefunden, weil er den unverzeihlichen Fehler begangen hatte, sich mit der Frau eines Ehrenmannes auf eine Liebesaffäre einzulassen. Ein anderes Beispiel: Pietro Inzerillo, Salvatores Bruder, fand man zusammengekauert im Kofferraum eines Autos, mit Geld im Mund und zwischen den Hoden. Die Botschaft: »Du wolltest zuviel Geld verschlingen, das hast du jetzt davon.«

Aber das ist eine Botschaft, die sich nur an die Mitglieder der Cosa Nostra richtet und den Rest der Welt nichts angeht. Die Mafia ist kein Informationsorgan, kein Vermittlungsbüro, keine moralische oder religiöse Autorität: Ihre Mitteilungen richten sich nur an die zuständigen Stellen, das heißt an die Ehrenmänner.

Daraus ergibt sich eine weitere Regel: Gewalt und Brutalität werden in der *Organisation* nicht willkürlich angewandt. Sie sind immer noch die *ultima ratio*, der letzte Ausweg, wenn alle anderen Mittel und Wege zur Einschüchterung versagt haben oder wenn das Vergehen so schwerwiegend ist, daß es keine andere Strafe verdient als den Tod. Ich werde oft gefragt, ob man als Ehrenmann die Wahl habe, zu töten oder nicht zu töten. Ich kann nur sagen: Der einzige, der mir gegenüber zugegeben hat, daß er vor einem Mord Bedenken hatte, ist der *pentito* Vincenzo Sinagra, allerdings war er nicht Mitglied der Cosa Nostra, sondern begnügte sich damit, sich in ihren orbitalen Kreisen zu bewegen.

Niemand kann es sich erlauben, sich dem Befehl der Kommission oder des Familienoberhaupts* zu widersetzen. Einer, ein

* »Familienoberhaupt« oder »Vertreter« ist der Chef der Basiszelle der Mafiaorganisation. Er kontrolliert einen Bruchteil des Gesamtterritoriums. Angelegenheiten, die über das Territorium einer Familie hinausgehen, obliegen einem übergeordneten Organ: dem Provinzvertreter. Ausgenommen hiervon ist die Provinz Palermo, in der es ein gemeinsames Organ gibt, die sogenannte Kommission.

großer *capomafia* mit Namen Antonino Salamone, hat es, nach Aussage Buscettas, geschafft, nicht zu gehorchen und trotzdem zu überleben. Ein gewaltiger Schlaukopf, dieser Antonino. Er war sechzig, seit ewigen Zeiten Vertreter der Familie von San Giuseppe Iato und *capo mandamento*. Da er schon lange in Brasilien lebte, übte sein Stellvertreter Bernardo Brusca sein Amt innerhalb der Familie aus. Antonino Salamone stand in sehr enger Beziehung zu Buscetta. Und plötzlich beschloß die Cosa Nostra, den »Verräter« Buscetta zu ermorden. Was macht sie also? Sie wendet sich natürlich an Salamone, denn nirgendwo wird man besser bedient als von den Freunden des ausgewählten Opfers.

Januar 1982: Ehrenmänner telefonieren mit Don Antonino in São Paulo, um ihm den Befehl zur Beseitigung Buscettas im Namen der Kommission mitzuteilen. Salamone denkt einen Augenblick nach und vereinbart ein Treffen in Paris mit Alfredo Bono, der bei vielen *pentiti* als »sehr verläßlicher« Ehrenmann angesehen ist. Während Bono nun in der französischen Hauptstadt auf ihn wartet, begibt Antonino sich nach Kalabrien. Er sucht Don Stilo auf, einen Priester, der wegen Zugehörigkeit zur Mafia gerichtlich verfolgt wurde, und läßt sich schließlich von einem Carabinieri aus Africo, einem kleinen Dorf in Kalabrien, festnehmen. Diesem schärft er ein: »Passen Sie auf, *maresciallo*, sagen Sie niemandem, daß ich mich gestellt habe. Sagen Sie, Sie haben mich verhaftet, das ist viel rühmlicher für Sie.«
Salamone wurde in Italien wegen Verstoßes gegen die Aufenthaltsauflagen gesucht — ein geringfügiges Vergehen, für das Brasilien niemals die Auslieferung genehmigt hätte. Salamone war also nach Italien zurückgekommen, um sich verhaften zu lassen und um mit dieser vortrefflichen Entschuldigung den Befehl der Cosa Nostra nicht ausführen zu müssen. Währenddessen wartete in Paris eine wichtige Persönlichkeit

auf ihn! Buscetta, der selbst eine äußerst rätselhafte Persönlichkeit ist, kann infolgedessen mit Recht über Salamone sagen: »Er ist eine Sphinx. Niemand wird aus ihm schlau. Er ist sehr subtil.« Jedenfalls ist er, meines Wissens, der einzige, dem es gelungen ist, einen Befehl der Cosa Nostra nicht auszuführen und trotzdem bis jetzt noch nicht sein Leben gelassen zu haben. Allerdings ist es bezeichnend, daß er kürzlich, kaum war der »Hausarrest« verhängt worden, das Weite suchte. Ein Zeichen dafür, daß er die Cosa Nostra mehr fürchtet als die italienische Justiz.

Wenn ich länger darüber nachdenke, fällt mir ein weiteres, weniger markantes Beispiel für die Nichtausführung von Befehlen ein, ein Fall, den der *pentito* Antonino Calderone erwähnte. Nach der Ermordung eines gewissen Turi Coppola in Catania fürchteten die Ehrenmänner eine Gegenreaktion seines Bruders Pippo, der im Gefängnis saß. Man plante also eine List, mit der sein Mithäftling, Luigi D'Aquino — sozusagen vorbeugend —, Pippo mit Strychnin, das in einer Marlboro-Packung versteckt war, umbringen sollte. D'Aquino war jedoch ganz und gar nicht von der Notwendigkeit dieser Maßnahme überzeugt. Deshalb konstruierte er ein wahrhaft geniales Täuschungsmanöver, das ihm die Ausübung seiner Pflicht ersparte. Er schüttete eine geringe Menge des Giftes in eine Cola-Flasche, aus der mehrere Häftlinge, unter anderem Pippo Coppola und D'Aquino selbst, tranken und dann krank wurden. Aber eben nicht so krank, daß sie davon starben.

D'Aquino hatte somit gewissermaßen den Beseitigungsbefehl der Cosa Nostra ausgeführt, ohne jedoch jemanden dabei umzubringen. Seinen Ungehorsam bezahlte er lediglich mit einer leichten Vergiftung. Was konnte man ihm also schon vorwerfen?

In 99 Prozent der Fälle aber gilt, wenn ein Mann den Befehl bekommen hat zu töten, wenn er der *Killer* dieser oder jener

Familie ist und er, wegen seiner Fähigkeit, einen Mord zu begehen, den Ruf eines verläßlichen oder tapferen Mannes hat, dann kann er nicht anders: Er muß gehorchen. Wenn er töten muß, tötet er selbstverständlich auch. Ohne Fragen zu stellen. Ohne sich Gedanken zu machen. Ohne auch nur den geringsten Zweifel aufkommen zu lassen und besonders ohne Bedenken und Mitleid. Sollte er zufällig an der Angemessenheit des Mordes zweifeln, ist er der tote Mann.

Man muß sich klarmachen, daß ein Außenstehender die Cosa Nostra mit anderen Augen sieht als derjenige, der in der Organisation drinsteckt. Das, was uns Richter, uns einfache Bürger, an den gewaltsamen Toden so erschreckt — die Ermordung eines Freundes durch seinen besten Freund, die Erwürgung eines Bruders durch seinen Bruder —, erweckt bei den Ehrenmännern nicht die gleichen Gefühle.

Der Mafiaboß Pietro Marchese wurde im Gefängnis wie ein Schwein erwürgt — auf Befehl seines Schwagers Filippo Marchese, aber durch fünf ebenfalls in Haft befindliche Ehrenmänner, die nicht zur Familie gehörten. Ich erinnere mich auch an den *pentito* Salvatore Contorno, der mir gegenüber scharf kritisierte, daß Filippo Marchese nicht selbst das Urteil ausgeführt hatte, und der jenen schrecklichen, barbarischen und zugleich völlig verständlichen Satz äußerte: »Ich bin der einzige, der an meinem Blut Hand anlegen kann ...«

Man könnte meinen, es handele sich hier um eine befremdliche Umkehrung des Begriffs Ehre: In der Cosa Nostra kann man niemandem den Mord am eigenen Blut übertragen. Für die Ehrenmänner zählt der Mut, den der Mörder gezeigt hat, die Professionalität, die er unter Beweis gestellt hat. Je gnadenloser, kaltblütiger und in unseren Augen unmenschlicher die Hinrichtung war, desto stolzer kann der Ehrenmann sein und desto höher steigt sein Ansehen in der *Organisation*.

Cosa Nostra beruht auf dem Gesetz des Gehorsams. Wer es versteht, gehorsam zu sein und einen Befehl mit dem ge-

ringstmöglichen Aufwand auszuführen, dessen Karriere ist gesichert.
Außerdem ist es üblich, vor allem in letzter Zeit, daß an besonders gefährlichen oder bedeutenden Aktionen der Chef höchstpersönlich teilnimmt. Das erhöht sein Prestige. Bei der Ermordung des Kommissars Ninni Cassarà am 6. August 1985 hat wahrscheinlich die Kuppel — oder Kommission — der Cosa Nostra mitgewirkt. Um es aber nochmals zu betonen, es geht dabei nicht um die Befriedigung sadistischer Mordgelüste, um Zeitvertreib oder willkürliche Brutalität.
In Zeitungen, Büchern und Filmen wird viel erzählt über die Brutalität der Mafia. Natürlich ist nicht zu leugnen, daß sie tatsächlich existiert. Aber sie ist nicht ein erklärtes Ziel. Wenn es vorkommt, daß sich in der *Organisation* jemand zu unnötiger Grausamkeit hinreißen läßt, stößt sein Verhalten nur auf Ablehnung: So war es auch bei Pino Greco, *scarpazzedda*, wie sie ihn nannten, »kleiner Schuh«*. Buscetta erzählte, daß Greco dem sechzehnjährigen Inzerillo den rechten Arm abgeschnitten hatte, weil dieser die Absicht geäußert habe, seinen Vater mit Waffengewalt zu rächen. Anschließend tötete er ihn mit einem Schuß in die Schläfe.
Im allgemeinen folgt die Teilnahme an einem Gewaltakt strenger Logik, andernfalls wäre die Cosa Nostra auch nicht so gefährlich. Ich rufe dies immer wieder in Erinnerung, weil man die Mafia nur dann wirksam bekämpfen kann, wenn man sie als das akzeptiert, was sie ist: eine ernst zu nehmende und perfekt organisierte kriminelle Vereinigung. Die nach außen hin am abstoßendsten wirkenden Vergeltungsmaßnahmen, bei denen man sich wirklich die Hände schmutzig macht

* Seinen Spitznamen verdankt er seinem Vater, der Schuster war und selbst schon »Schuh« genannt wurde.

und die uns unnötig brutal erscheinen, geschehen nie aus Herzenslust und Spaß an der Freude, sondern ausschließlich in strengem Bewußtsein der Pflicht, aus Gehorsam und Selbstachtung. Das ist auch der Grund, warum sich ein Ehrenmann keine Bedenken über die Art und Weise einer Ermordung leisten kann. Entweder ist er in der Lage, das auserwählte Opfer so wirksam wie möglich und mit dem höchsten Grad an Professionalität aus dem Verkehr zu ziehen, oder nicht. Punkt. Fertig.

Ich erinnere mich an eine Geschichte, die mir der *pentito* Antonino Calderone erzählte. Sie wäre eine griechische Tragödie oder einen harten amerikanischen Film wert. Der Zwischenfall hatte ihn jedenfalls stark geprägt. Im Jahr 1976, erzählt er, sollten zwei Leute des Cursoti-Clans aus Catania, ein gewisser Marietto und ein anderer mit dem Spitznamen »Wissenschaftler«, die besonders mißtrauisch und ängstlich geworden waren, beseitigt werden.

Turi Palermo und Salvatore Lanzafame waren ausgewählt worden, sie zu töten. Sie überredeten sie, mit ihnen in einem Auto irgendwohin zu fahren. Marietto saß am Steuer, Turi Palermo auf dem Beifahrersitz. Der Wissenschaftler saß hinten mit Salvatore Lanzafame. Während der Fahrt redeten alle über Pistolen. Marietto meinte, er wolle Lanzafame eine schenken. Dieser bedankte sich vielmals und sagte ihm, er solle ihm so eine schenken wie die von Turi Palermo und forderte diesen auf, seine zu zeigen. Kaum hatte dieser sie in der Hand, schoß er sofort auf Marietto, der auf der Stelle tot war. Palermo ergriff das Steuer, brachte das Auto am Straßenrand zum Stehen, schob die Leiche auf den Beifahrersitz und setzte sich selbst ans Steuer.

Unter Lanzafames vorgehaltener Pistole verhielt sich der Wissenschaftler still, da man ihm versprochen hatte, ihn nicht zu töten, wenn er sich ruhig verhielte. Sie kamen schließlich zu der Stelle, an der sie mit Calderone und einem anderen Ehrenmann verabredet waren. Völlig verwirrt von der Ermordung seines Freundes, schlug der Wissenschaftler plötzlich vor, doch einen kurzen Ausflug nach Catania zu machen. Aber niemand achtete auf seinen Vorschlag, und die beiden Autos — im einen die Leiche Mariettos — fuhren über eine staubige Straße zu einem abgelegenen Bauernhof. Es dämmerte bereits. Während sich zwei Ehrenmänner um die Leiche kümmerten, zerrten zwei andere den Wissenschaftler plötzlich fort und erwürgten ihn. Die beiden Leichen warfen sie anschließend in einen Brunnen. Ein erschütterndes Ereignis, das ich hier aus dem Gedächtnis zitiere, das aber den Scharfsinn, die Rationalität und die Verschlagenheit verdeutlicht, die man benötigt, um an ein Opfer heranzukommen und die Befehle auszuführen.

Über die willkürliche Brutalität der Mitglieder der Cosa Nostra kursiert ein weiteres ungerechtfertigtes Gerücht, das ich aus dem Weg räumen möchte. Es wird besonders von einer ebenso überladenen wie schwammigen Literatur verbreitet und überzogen in Szene gesetzt: das Gerücht der rituellen Morde. Dabei wird behauptet, es gäbe eine Art abgestuften Strafenkatalog, je nach Schwere des Vergehens oder des Fehltritts, und Gewaltakte, die an die potentielle Gefahr des künftigen Opfers angepaßt wären. Das ist falsch.
Wenn ein Mafioso ein Bauunternehmen einschüchtern will, jagt er natürlich als erstes den Bagger in die Luft. Handelt es sich um ein Müllabfuhrunternehmen, zündet er zunächst den Kipper an. Wenn er aber wirklich jemanden umbringen will — einen Gegner, einen Feind, einen Herausforderer — und er mit dem Chef der Familie geredet hat, bleibt ihm keine Wahl: Entweder kommt er ohne Probleme an sein Opfer heran, weil es ein Freund oder ein Bekannter ist, überwältigt es und läßt anschließend die Leiche verschwinden (das ist die beste Lösung, denn sie läßt die Frage nach dem Urheber des Mordes

und dem genauen Verbleib des Opfers völlig im dunkeln), oder er hat keine Möglichkeit, sich seinem Opfer zu nähern, und muß den besten Weg finden, es ohne großes Risiko zu töten. Glauben Sie mir, Kamikaze ist bei der Cosa Nostra nicht besonders »in«. Der Ehrenmann muß im Rahmen des Möglichen seine Arbeit tun, ohne sich oder seine Familie in Gefahr zu bringen. Der pathologische Hang zum Selbstmord oder zur Aufopferung ist eine Eigenschaft, die dem Ehrenmann fremd ist.

Wie ich schon sagte: Das Hauptproblem besteht darin, an das Opfer heranzukommen. Das ist gar nicht so einfach, wie man es sich gemeinhin vorstellt. Sizilianer sind nämlich von Natur aus mißtrauisch — allen voran die Mafiosi mit ihrer besonderen Intelligenz und ihrem Scharfsinn für die Gefahren, die sie eingehen.

Ein Beispiel: Der Mafioso Michele Cavataio, eine der Schlüsselfiguren des ersten Mafiakrieges, ließ alle im Glauben, daß die Brüder La Barbera, einer Familie aus dem Zentrum Palermos, für viele Morde innerhalb der *Organisation* in den Jahren 1962/63 verantwortlich seien, obwohl er selbst die Morde begangen hatte. Er war somit einer der Hauptanstifter dieses ersten Krieges, der so starke Polizeimaßnahmen zur Folge hatte, daß die Cosa Nostra gezwungen war, die sie regierende Kommission aufzulösen. Als sich dann die Wogen wieder geglättet hatten, wurde beschlossen, die Kommission wieder einzurichten — allerdings mit neuen Mitgliedern.

Cavataio wollte natürlich Mitglied werden. Inzwischen waren aber die Köpfe der *Organisation* über seinen Anteil an der Angelegenheit bestens informiert. Das Triumvirat*, das sei-

* In der Zeit zwischen 1970 und 1974 wurde die aufgelöste Kommission von einem provisorischen Triumvirat ersetzt, bestehend aus Gaetano Badalamenti, Stefano Bontate und Luciano Leggio, der wiederum durch Salvatore Riina und Bernardo Provenzano vertreten wurde.

nerzeit die Mafia führte, versammelte sich also und entschied erstens, daß Cavataio der künftigen Regierung nicht angehören sollte, weil er nicht mehr zuverlässig sei; zweitens, daß er als Hauptverantwortlicher für den Krieg getötet werden müsse; und drittens, daß man, um dieses Ziel zu erreichen, in seine Nähe gelangen müsse und zu diesem Zweck ein Scheinfrieden zu schließen sei. Das bedeutete, daß einige Ehrenmänner beauftragt wurden, diesem gefährlichen und extrem mißtrauischen Mann glaubhaft zu machen, sie seien seine Freunde.

Diese Entscheidung wurde keinesfalls gerne getroffen, denn Cavataio wurde im Kreise der Ehrenmänner wegen seines Mutes sehr geschätzt. Letztlich war es Stefano Bontate, der Chef der mächtigen Familie von Santa Maria di Gesù, der sich durchsetzte: Er überzeugte seine beiden Partner im Triumvirat, daß man die Eliminierung einzig und allein der Kompetenz der Provinz Palermo überlassen müsse, also Leuten, die er, Bontate, gut kannte und bestens unter Kontrolle hatte. Nur so ließ sich vermeiden, daß irgend etwas durchsickerte und bei den Ehrenmännern, die zu Cavataio standen, verständlicher Unmut hervorgerufen wurde. Diese zweigleisige Strategie — Freundschaft und Mord — sicherte den Erfolg des Unternehmens. Michele Cavataio wurde bei dem Massaker von Viale Lazio, im Dezember 1969, grausam ermordet.

Andere berühmte Morde verdeutlichen den außergewöhnlich pragmatischen Charakter und die erstaunliche Anpassungsfähigkeit der Cosa Nostra. Sie zeigen einmal mehr, daß es keine vorgefertigten Kategorien für die Vergeltung eines Vergehens gibt: weder für die Verbrechen innerhalb der *Organisation* noch für die Verbrechen außerhalb.

Salvatore Inzerillo, der tapfere Chef der palermischen Familie Uditore, wurde 1981 durch eine Kalaschnikowsalve just in dem Moment getötet, als er in sein gepanzertes Auto stieg. Der Kommissar Ninni Cassarà wurde 1985 vom Kugelhagel einer Maschinenpistole umgemäht, als er gerade die Stufen erklomm, die sein gepanzertes Fahrzeug vom Eingang seines Hauses trennten. Der Richter Rocco Chinnici flog 1983 bei der Explosion eines vor seinem Haus geparkten und bis oben hin mit Dynamit vollgestopften Autos in die Luft. Der Kommissar Beppe Montana wurde 1985 mit einer einfachen Pistole getötet. Er kam gerade von einem Bootsausflug zurück und war völlig ungeschützt.

Jeder wurde an einem ausgesprochen wunden Punkt seines Tagesablaufes getroffen. Dies zeigt deutlich, daß ausschließlich strategische und praktische Überlegungen für die Art und Weise der Ermordung und für die Wahl der Mordwaffe entscheidend sind. Und sollte es sich ergeben, daß man es, wie bei Rocco Chinnici, mit einem gepanzerten Fahrzeug zu tun hat, muß man eben aufwendigere Methoden anwenden.

Ebenfalls im Zusammenhang mit Chinnici wurde geschrieben: »*Sie* wollten ihn nach der libanesischen Methode ermorden, um Palermo in Angst und Schrecken zu versetzen.« In Wirklichkeit haben *sie* ihn auf die einzig mögliche Art und Weise getötet, wobei fünf Menschen ums Leben kamen und ein Dutzend Autos zerstört wurden, nur weil Chinnici in bezug auf seinen Schutz sehr umsichtig war. Es ist wichtig, glaube ich, über die Methoden der Cosa Nostra sehr nüchtern und »weltlich« nachzudenken: Zunächst studiert sie ihr Ziel immer sehr genau und sorgfältig, bevor sie zum Angriff übergeht. Deshalb wird auch selten ein Mafioso auf frischer Tat ertappt. Für die Zahl derer, die bei der Ausführung ihrer Tat verhaftet wurden, reichen die Finger einer Hand: Agostino Badalamenti, zum Beispiel, der mit der rauchenden Pistole in der Hand erwischt wurde und dem es gelang, vorübergehend überzeugend den Verrückten zu mimen, bevor er letztlich als mental völlig gesund verurteilt wurde.

Gerade die Gewalt innerhalb der *Organisation* ist es, die am meisten Verwunderung und Sorge auslöst. Im allgemeinen fällt es einem schwer, sich vorzustellen, daß sie einer Logik unterliegt. Und es ist schwer zu begreifen, daß die Mafia oft keinen anderen Ausweg hat, als zu töten, um die innere Ordnung wieder herzustellen und einen begangenen Irrtum zu korrigieren: zum Beispiel, wenn sie einen Lügner oder Feigling engagiert hat oder mit der Ware übers Ohr gehauen wurde.

Die Cosa Nostra ist eine Gesellschaft, eine Organisation, um es juristisch auszudrücken, deren Regeln, sollen sie beachtet werden, einen wirksamen Sanktionsmechanismus voraussetzen. Da es innerhalb des Mafiastaates weder Justiz noch Polizei gibt, ist es lebenswichtig, daß sich jeder »Bürger« dieses Staates darüber im klaren ist, daß eine Strafe unausweichlich und ein Urteil sofort vollstreckbar ist. Wer auch immer gegen die Regeln verstößt, weiß, daß er dafür mit seinem Leben bezahlen wird.

Für die Richter und all diejenigen, die mit der Bekämpfung der Mafia betraut sind, sind ihre gelegentlichen Gewaltdemonstrationen noch in anderer Hinsicht von Interesse: Sie geben Aufschluß über den Gesundheitszustand der *Organisation* und den augenblicklichen Grad der Kontrolle über das Territorium.

Wir haben bereits große Fortschritte in der Deutung der Ereignisse gemacht, die uns undurchsichtig erschienen und die die Presse in die Schublade der »Zusammenstöße rivalisierender Banden« einordnete. Wir haben erkannt, daß diese »roten Ernten«, die die Bürgersteige sizilianischer Städte mit Blut tränkten, häufig Ausdruck eines Konfliktes waren zwischen einer Familie der Cosa Nostra, die das Gebiet beherrschte, und einer anderen Familie, die noch nicht Mitglied der *Organisation* war, sich aber behaupten wollte. Alles Dinge, die natürlich viele Tote kosten und viel Schaden anrichten.

Besonders aufschlußreich ist das, was sich in Gela (im Süden Siziliens) abspielt: fünfundvierzig Tote in wenigen Monaten. Möglicherweise ein Zeichen dafür, daß die Präsenz der Cosa Nostra noch nicht vollkommen gefestigt ist. Wenn die Serie der Toten zu Ende sein wird, heißt das, daß die Cosa Nostra alle kleinen Randorganisationen verschluckt hat und sie allein die Profitquellen, die Ausschreibungen, die Gelder der Kommunen und den lokalen Handel kontrolliert. Solange gemordet wird, ist die Situation instabil und der einzelne verwundbar. Danach ...

Daraus sollte man jedoch nicht schließen, daß alles in der Cosa Nostra vorhersehbar und auf immer und ewig vorbestimmt ist. Die Mafia besteht aus menschlichen Wesen, die Bedürfnisse, Wünsche und Verhaltensweisen haben, die sich mit der Zeit auch verändern. Ich habe Anzeichen einer Verärgerung angesichts der Starrheit bestimmter Regeln bemerkt. Ich habe festgestellt, daß Menschen wie Buscetta, Mannoia, Calderone, indem sie *pentiti* wurden, eine gewisse »Lebensqualität« forderten, die den mafiosen Prinzipien widerspricht. Ich habe ebenfalls bemerkt, daß viele Mafiosi für Konsum anfällig sind: Alfredo Bono, der als Mitglied der Familie von Bolognetta — auch in der Berufungsinstanz — verurteilt wurde, spielte in den Casinos Norditaliens, was die Cosa Nostra nicht besonders gerne sah (und heute noch nicht gerne sieht). Gaetano Grado (aus der Familie von Santa Maria di Gesù) wäre beinahe von seinem Chef Stefano Bontate getötet worden, weil er nach der Beteiligung am Massaker von Viale Lazio (1969) in Mailand auf Frauenjagd gegangen war. Das scheint eine gute Entwicklung zu sein.

Als ich Buscetta zur Begründung seiner »Reue« über seine Exfreunde sagen hörte, daß sie »gegen die einfachsten Grundregeln der Cosa Nostra verstoßen« hätten und sie »die Cosa Nostra unweigerlich in ihren Untergang geführt« hätten, spürte ich, daß ich vor einem großen Augenblick, vor einem historischen Augenblick stand. Das war etwas, worauf ich in meinem tiefsten Inneren schon lange gewartet hatte.

Von frühester Kindheit an bestimmte die Mafia mein tägliches Leben, mit ihrer Gewalt, ihren Erpressungen und ihren Morden. Ich erlebte die großen Prozesse, die zu nichts führten oder zumindest zu fast nichts. Ich glaubte an den Fortschritt und war schockiert angesichts der Brutalität, den Attentaten und der Aggression. Die Cosa Nostra war für mich die siebenköpfige Hydra: etwas Unfaßbares, Allgegenwärtiges und Unbesiegbares, das verantwortlich war für alles Übel dieser Welt. Ich hatte auch Cesare Mori gelesen, den berühmten »eisernen Präfekten«, den Mussolini ausgesandt hatte, die Organisation der Mafia niederzuzwingen, sowie den Soziologen Henner Hess.

Dem damaligen Zeitgeist entsprechend, war ich durchdrungen von einer »institutionellen« Kultur, die so weit ging, die Existenz der Mafia einfach zu leugnen und alles, was auf sie anspielte, als Provokation abzulehnen: Der Versuch, der sozialen Krankheit Siziliens einen Namen zu geben, bedeutete lediglich, sich den »Angriffen des Nordens« auszuliefern! Ja, es herrschte seinerzeit große Verwirrung: Auf der einen Seite standen diejenigen, die behaupteten, »alles ist Mafia«, auf der anderen Seite jene, die behaupteten, »die Mafia existiert nicht«. Und dies alles, wie Sciascia sagen würde, inmitten von Attentaten, Morden und sehr schlimmen Ereignissen. Sie prägten meine Erziehung.

Zuerst das Massaker der Carabinieri von Ciaculli 1963, das Blutbad von Viale Lazio in Palermo 1969, das Verschwinden des Journalisten Mauro de Mauro 1970, die Ermordung des Staatsanwalts der Republik Scaglione 1971, der Prozeß der 114 in Palermo 1974, dann die Anträge der Antimafiakommission, die 1976 einiges zu enthüllen versprachen, in der darauffolgenden Zeit aber im Sand verliefen . . . Das war die Atmosphäre, in der ich die ersten Jahre meiner Richterlaufbahn zubrachte.

Dennoch bleibe ich überzeugt davon, daß man auch damals

die Möglichkeit hatte, zu verstehen und zu arbeiten. Ich habe mich nie für einen Helden gehalten. Ich wußte, daß man sehr tüchtig arbeiten muß, wenn man den Kampf aufnehmen wollte, und ich mußte auch nicht erst darauf hingewiesen werden, daß die Mafia eine kriminelle Organisation ist.

Meine erste Feuertaufe erlebte ich in Trapani, wohin ich als Stellvertreter des Staatsanwalts berufen wurde. Ich begann, mich anläßlich eines der großen Prozesse der Nachkriegszeit ganz in die Mafia zu vertiefen — diesmal beruflich: zehn Morde und die gesamte Mafia von Marsala auf der Anklagebank. Man zeigte mir einen ganzen Schrank voll mit Akten und sagte zu mir: »Lies das.« Das war im November 1967, und in regelmäßigen Abständen, mit der Zuverlässigkeit eines Uhrwerks, erhielt ich von da an Postkarten mit Särgen und Kreuzen: Alle Anfänger haben einen Anspruch darauf, und ich muß sagen, daß es mich nicht einmal sehr beunruhigte.

Dieser Sprung ins kalte Wasser der Cosa Nostra war ausgesprochen spannend, intensiv und lehrreich. Meine an sich schon große Neugierde in bezug auf die Mafia wurde im Laufe der Ermittlungen noch verstärkt. Von Marsala oder Trapani aus war es jedoch schwer, sich ein Gesamtbild der Mafia zu machen. 1978 wechselte ich deshalb nach Palermo, und da ich um Versetzung in den Bereich Ermittlungen gebeten hatte, war es klar, daß ich zunächst zum Zivilgericht geschickt wurde. Dort blieb ich nur ein Jahr, dann wurde ich schließlich als Ermittlungsrichter in die Mannschaft aufgenommen, die damals schon unter der Leitung von Rocco Chinnici stand. Es folgten lehrreiche Arbeitsjahre.

Als der erste *pentito* auf uns zukam, der uns über die Interna der *Organisation* vieles bestätigte, was wir aus Büchern, Polizei- oder Carabinieriberichten und Aussagen wußten, ja, als wir diesen Mann endlich in unseren Händen hatten, lagen bereits vier Jahre harter Arbeit hinter uns. Wir übten und bildeten uns an den eigenen Irrtümern bei der Einschätzung der Si-

tuation; Irrtümer, die, wie ich gleich betonen möchte, nie zur Freiheitsberaubung eines Unschuldigen führten.
Er fiel also keineswegs vom Himmel, unser erster *pentito* Tommaso Buscetta. Als er im Juli 1984 auf der Bildfläche erschien, waren wir bestens vorbereitet. Was mich betrifft, so hatte ich bereits den Prozeß Spatola und Màfara auf die Beine gestellt. Ich kannte in groben Zügen die Cosa Nostra. Ich war bereit, Buscetta zu verstehen und ihn zu verhören.
Vor ihm hatte ich — hatten wir — nur eine Außenansicht des Phänomens Mafia. Durch ihn begannen wir, sie von innen heraus zu verstehen. Er bestätigte uns eine Vielzahl von Informationen über die Struktur, die Rekrutierung und die Funktionen der Cosa Nostra. Vor allem aber verhalf er uns zu einem umfassenden, breiten Verständnis des Phänomens Mafia. Er gab uns einen entscheidenden Schlüssel, eine Sprache, einen Code. Für uns war er wie ein Professor für Sprachen, der es uns ermöglichte, in die Fremde zu gehen, ohne mit Händen und Füßen reden zu müssen.
Ich bin geneigt zu sagen, daß andere *pentiti* für uns wichtiger waren als Buscetta, wenn man vom Inhalt ihrer Enthüllungen ausgeht. Aber er war der einzige, der uns eine Methode an die Hand gab, das heißt etwas Konkretes, das wir praktisch verwenden konnten. Denn ohne Methode versteht man gar nichts. Mit Hilfe Buscettas näherten wir uns dem Rand des Abgrunds, dorthin, wo sich vorher noch keiner hingewagt hatte, weil jede Ausrede gut genug war, um nicht hinschauen zu müssen, um alles auf ein Minimum zu beschränken, um Haar- (und Ermittlungs-)Spalterei zu betreiben und um den Einheitscharakter der Cosa Nostra zu leugnen. Noch heute gibt es Kollegen und Polizisten, die behaupten, sich mit der Mafia zu beschäftigen, und die noch nicht einmal die Vernehmung Buscettas gelesen haben!
Ein kleines Beispiel soll verdeutlichen, wie wichtig es ist, die Sprache richtig zu interpretieren. Ein Bauunternehmer mit

Namen Pino Aurelio wandte sich 1989 an einen Mafiaboß, um seinen Schutz zu erbitten. Dennoch flogen seine Bagger weiterhin in die Luft. Schließlich nahm er Kontakt zu einem anderen Mafioso auf, der ihn schließlich aufklärte, daß er sich geirrt habe: »Wenn Sie bauen wollen, gehen Sie zu einem Architekten; wenn Sie krank sind, gehen Sie zu einem Arzt.« Der Sinn dieser Worte war der: »Sie haben sich an die Person gewandt, an die Sie sich nicht hätten wenden sollen.«

Buscetta hat mir also die Parameter gegeben, mit denen ich eine Arbeitsmethode entwickeln konnte. In wenigen Sätzen beinhaltet sie folgendes: Zunächst muß man sich damit zufriedengeben, überdimensionale Ermittlungen durchzuführen, ein Maximum an brauchbaren oder unbrauchbaren Informationen zu sammeln, am Anfang möglichst breitspurig zu mähen; später dann, wenn man die ganzen Puzzleteile vor sich liegen hat, kann man anfangen, sich eine Strategie zurechtzulegen.

Der Polizeikommissar Boris Giuliano starb 1979 wahrscheinlich auch, weil er einfach blindlings vorging und nicht merkte, daß er sich auf einem Terrain bewegte, das er nur unzureichend kannte. Das heißt, bei seinen professionellen Ermittlungen im Zusammenhang mit einem Koffer, vollgestopft mit 500 000 Dollar, der am Flughafen in Palermo gefunden worden war, erfuhr Giuliano, daß ein gewisser Signor Giglio bei der Sparkasse der Stadt 300 000 Dollar in bar eingezahlt hatte. Giuliano suchte also den Sparkassendirektor Franco Lo Coco auf und fragte ihn: »Wer ist dieser Herr Giglio?« Der antwortete ihm: »Keine Ahnung, ich weiß nichts.« Giuliano fügte hinzu: »Geben Sie mir Bescheid, wenn er hier auftaucht.«

Nun war, wie sich später herausstellte, dieser Lo Coco aber ein Vetter von Stefano Bontate, dem Chef der Familie von Santa Maria di Gesù. Diesen Signor Giglio gab es gar nicht, beziehungsweise war er in Wirklichkeit Lo Coco selbst. Dieser hatte die Überweisung auf das Konto der Familie Bontate veranlaßt. In Unkenntnis der Sachlage war Kommissar Giuliano also in die Höhle des Löwen gegangen, um sich zu erkundigen, was denn der Löwe mache. Ganz allein, voller Engagement und mit großem Mut. Aber er konnte nur eine kleine Ecke des Schleiers lüften, hinter dem sich eine sehr viel komplexere Wahrheit verbarg.

Ich zog für mich daraus den Schluß, daß ich mit der allergrößten Vorsicht vorgehen mußte und es ratsam war, jedesmal genau zu prüfen, wo die Grenze zwischen Bekanntem und Unbekanntem verlief, denn man kann nie davon ausgehen, daß die anderen die eigenen Lücken schließen werden.

Vom Spatola-Prozeß (1979) an sorgte ich dafür, daß man entsprechend diesem Verfahren systematisch vorging und versuchte, sich nur auf vollkommen sicherem und kontrolliertem Boden vorwärts zu bewegen. Damals sprach alle Welt von riesigen Mengen Drogen, die von Sizilien aus in die Vereinigten Staaten transportiert würden. Ich sagte mir: »Na ja, wenn sie in Nordamerika Drogen verkauft haben, müssen sie in den sizilianischen Banken Spuren hinterlassen haben, Kontobewegungen, die veranlaßt wurden.« Damit begannen die ersten Bankermittlungen. Fruchtbar sowohl für den Spatola-Prozeß als auch für die anderen Prozesse. Die Anhäufung von Daten, Informationen, Fakten, die den Kopf beinahe zum Platzen bringen, ermöglicht die rationale und nüchterne Einschätzung der einzelnen Elemente für die Begründung einer Anklage. Der ganze Rest sind Gerüchte, Arbeitshypothesen, Vermutungen oder einfach Faselei. Ich will sie nicht ganz außer acht lassen, aber ich bin mir bewußt, daß sie nicht real begründet sind. Ich ziehe diesen Gedankenspielen das buchhalterische Vorgehen der amerikanischen Militärs vor, die während des Golfkriegs jeden Tag die tatsächlich erlittenen und verursachten Schäden genauestens verifiziert haben.

Aber abgesehen von der Sprache und den Interpretationsschlüsseln, die Buscetta mir vermittelte, konfrontierte er mich

mit einem entscheidenden Problem: Der Staat ist einem so gewaltigen Phänomen wie der Mafia noch nicht gewachsen. Er sagte mir in aller Offenheit: »Ich werde Ihnen genug erzählen, das Ihnen helfen wird, entscheidende Ergebnisse zu erzielen, aber ich werde deshalb keinen sinnlosen Prozeß über mich ergehen lassen. Ich vertraue Ihnen, Herr Richter, so, wie ich Vertrauen zu dem Polizisten Gianni De Gennaro habe. Aber sonst traue ich niemandem. Ich glaube nicht, daß der italienische Staat wirklich die Absicht hat, die Mafia zu bekämpfen.« Dann fügte er noch hinzu: »Ich möchte Sie warnen, Herr Richter: Sie werden nach diesem Verhör sicherlich eine Berühmtheit. Aber man wird versuchen, Sie zu vernichten, physisch und beruflich. Mit mir wird man das gleiche versuchen. Vergessen Sie nie, daß Sie das Konto, daß Sie bei der Mafia eröffnet haben, nie werden ausgleichen können. Wollen Sie mich immer noch verhören?« So begann seine Kollaboration.
Selbst in dieser fruchtbaren Zeit habe ich mich stets davor gehütet, Arbeitshypothesen mit der Realität gleichzusetzen. Ich machte mir immer wieder deutlich, daß einige von ihnen, auch wenn sie eine nähere Untersuchung wert waren, bei weitem meine momentanen Möglichkeiten oder die Kräfte, über die ich verfügen konnte, überstiegen. Nie habe ich eine Initiative ergriffen, die keine reelle Erfolgschance bot.
Wer sich mit den Ermittlungen in Sachen Mafia beschäftigt, begibt sich auf Minengebiet: Man sollte keinen Schritt wagen, wenn man sich nicht sicher ist, daß man nicht auf eine Tretmine tritt. Dieses Prinzip gilt für alle Ermittlungen im engeren oder weiteren Zusammenhang mit dem organisierten Verbrechen. Und für mich ganz besonders, der ich auf nahezu unberührtem Boden agierte und der ich von allen Seiten, sogar aus den Kreisen der Justiz, attackiert wurde. In den Augen meiner Kollegen litt ich an der *vis attractiva* (ihrer Ansicht nach wollte ich wohl nur alle Prozesse Italiens an mich reißen). Ein hoher Richter empfahl dem mir in der Hierarchie übergeordneten

Rocco Chinnici: »Überhäuft ihn mit kleinen Prozessen, dann stört er uns wenigstens nicht.« Ich verursachte am Gericht in Palermo eine ganze Reihe von kleinen Erdbeben, die mit der Zeit immer stärker wurden. Ich störte.

Ich will damit sagen, daß die Aussagen Buscettas, die vier Jahre fruchtbringende Nachforschungen krönten — in denen wir mehr erfahren hatten als in den zwanzig Jahren zuvor —, wie russische Puppen waren. Sie zeigten mir, daß ich bis dahin nichts weiter als ein braver Handwerker gewesen war, umgeben vom allgemeinen Skeptizismus, unterstützt von einigen wenigen Kollegen, ohne geeignete Mittel. Und sie verdeutlichten, daß die Zeit gekommen war, den Schlachtplan endlich qualitativ erheblich zu verbessern, um endlich zu konkreten Ergebnissen zu kommen.

2.

Boten und Botschaften

Die Deutung der Zeichen, Gesten, Botschaften und des Schweigens gehört zu den Hauptbeschäftigungen der Ehrenmänner und damit auch zu denen des Richters. Der sprichwörtliche Hang der Sizilianer zur Diskretion ist allgemein bekannt: In der Cosa Nostra wird er förmlich auf die Spitze getrieben. Der Ehrenmann darf nur über das reden, was ihn ganz konkret betrifft; und auch nur dann, wenn man ihm eine präzise Frage gestellt hat und er in der Lage ist und das Recht hat zu antworten. So lautet das Prinzip, das die Beziehungen innerhalb der Mafia und ihre Beziehungen zur Außenwelt regiert. Es ist Sache der Richter und der Polizei, sich entsprechend anzupassen.

Ich war immer sehr vorsichtig im Umgang mit Mafiosi: Ich heuchelte nicht insgeheime Sympathie und vermied autoritäres oder arrogantes Gebaren; ich respektierte mein Gegenüber und verlangte das gleiche von ihm. Es ist zwecklos, einen Mafiaboß im Gefängnis aufzusuchen, wenn man keine konkreten Fragen zu stellen hat, wenn man schlecht informiert ist oder wenn man meint, mit ihm umspringen zu können wie mit jedem gewöhnlichen Kriminellen.

Aufgrund der Aussage Calderones sollte 1988 ein Boß aus Caltanisetta von einem meiner Kollegen verhört werden. Als er zu ihm ging und sagte: »Sie sind der Soundso? Dann können Sie mir ja sicherlich etwas über die Cosa Nostra erzählen!«, erhob er sich und antwortete: »Cosa Nostra? Cosa Nostra heißt: eine Sache, die Ihnen gehört, eine Sache, die dem hier anwesenden Anwalt gehört, eine Sache, die mir gehört. Also, was meinen

Anteil betrifft — hier haben Sie ihn.« Damit setzte er sich wieder hin und schwieg.
Die Mitglieder der Cosa Nostra erwarten Respekt, und sie respektieren nur den, der ihnen ein Minimum an Achtung entgegenbringt.
1980 besuchte einer meiner Kollegen in Rom den berühmten Frank Coppola, der gerade verhaftet worden war, und provozierte ihn: »*Signor* Coppola, was ist eigentlich die Mafia?«
Der alte Coppola hatte schon viel erlebt, dachte einen Augenblick nach und sagte schließlich: »Herr Richter, hier gibt es drei Staatsanwälte, die Oberstaatsanwalt werden wollen. Der erste ist sehr intelligent, der zweite wird von den Regierungsparteien unterstützt, und der dritte ist dumm. Welcher von den dreien wird gewählt? Der Dumme. Das ist Mafia ...«
Es gibt da etwas, was viele nicht verstehen: Wenn ein Mafioso zu jemandem *Signore* sagt, dann entspricht das dem amerikanischen *Mister*, dem britischen *Sir* und dem französischen *Monsieur*. Das heißt ganz einfach, daß das Gegenüber keinen Titel innehat. Wäre es eine bedeutende Persönlichkeit der *Organisation*, würde man ihn *zu* (mein Onkel) oder *Don* nennen oder auch *Dottore* etc. Während des ersten Maxi-Prozesses 1986 in Palermo benutzte der *pentito* Salvatore Contorno als Ausdruck seiner Verachtung gegenüber Michele Greco, der als Chef der Mafia galt und in seinen Augen ein Nichts war, die folgenden Worte: »*Il Signor* Michele Greco ...«
Ich selbst habe erlebt, als ich nach Deutschland kam, um einen Mafiaboß zu verhören, daß dieser mich, als er mich kommen sah, ansprach mit: »*Signor* Falcone ...« Da war ich wütend, stellte mich vor ihn hin und antwortete: »Nein, Sie sind der *Signor* Soundso. Ich bin Richter Falcone.« Er hatte die Botschaft sofort verstanden und sich vielmals entschuldigt. Er wußte genau, warum ich dieses *Signore*, das mein Amt und meine Funktion verleugnete und mich zu einem Nichts machte, ablehnte. Unsere Arbeit als Richter besteht also auch

darin, über einen guten Interpretationsschlüssel zu verfügen, der es ermöglicht, die Zeichen richtig zu dechiffrieren. Für einen Palermer wie mich gehört dies sowieso zum normalen Alltag.

Ich traf Buscetta zum ersten Mal im Juli 1984 in Brasilien. Ich hatte, den Vorschriften entsprechend, eine Liste mit Fragen vorbereitet, die ein brasilianischer Richter an meiner Stelle dem gerade Verhafteten vortrug. Als ich den Vernehmungsraum betrat, sah ich mit Verwunderung, daß Buscetta sich in Begleitung seiner Frau befand, die er mir im übrigen gleich vorstellte. Ich war sofort alarmiert. Buscetta wich den Fragen des Brasilianers immer wieder aus. Ich hatte schon das Gefühl, dort meine Zeit zu verschwenden, als der Boß der »zwei Welten«, wie die Zeitungen damals schrieben, sich mir zuwandte und sagte: »Richter Falcone, zur Beantwortung dieser Frage würde nicht einmal die ganze Nacht reichen.« Ich drehte mich also zu dem italienischen Richter, der mich begleitete, und sagte zu ihm: »Dieser Mann wird mit uns zusammenarbeiten.« Sein Satz war ein unmißverständliches Zeichen des Friedens und der Öffnung.

Man muß wissen, daß alles Botschaft ist. Alles bei der Cosa Nostra hat eine Bedeutung, auch das kleinste Detail ist nützlich. Es ist spannend, das zu beobachten. Man muß extrem aufmerksam sein und darf sich keine Pause gönnen. Tommaso Buscetta ist gerade in diesem Punkt ein besonders gutes Beispiel. Ich glaube, wir hatten ein sehr stark kodiertes Verhältnis.

Als er im Juli 1984 nach Rom kam, begleitete mich der Richter Vincenzo Pajno zum Verhör, der Oberstaatsanwalt in Palermo war und damit im Vergleich zu mir eine sehr viel höhergestellte Persönlichkeit. Dies wollte ich Buscetta vermitteln, und er verstand mein Zeichen. Wir sprachen zunächst so über dieses und jenes, plötzlich sagte er: »Ich habe keine Zigaretten mehr.« Ich hielt ihm meine Schachtel hin und meinte: »Behalten Sie sie, Herr Buscetta, wir sehen uns morgen wieder.« Am nächsten Tag kam er nochmals darauf zurück: »Ich habe Ihre Zigaretten gestern angenommen, weil die Schachtel schon angebrochen war. Das schien mir in Ordnung. Hätten Sie mir eine neue Schachtel oder eine ganze Stange angeboten, hätte ich abgelehnt, weil das bedeutet hätte, daß Sie mich demütigen wollten.«

Diese Riten und dieser Hang zum Detail wirken nicht ganz zu Unrecht etwas zwanghaft. Wer aber täglich mit der Gefahr lebt, ist gezwungen, auch der noch so geringen Banalität eine Bedeutung beizumessen und alles zu deuten und zu entschlüsseln. Das betrifft jeden, den Polizisten genauso wie den Richter oder den Kriminellen.

Dazu gibt es eine Vielzahl eher lustiger Geschichten. Man kennt ja die Geringschätzung der Cosa Nostra für den italienischen Staat und weiß, daß sie ihre eigene schnelle und unmittelbare Art, »Recht zu sprechen«, den langen, endlosen Verfahren vorzieht. Die Cosa Nostra läßt keine Gelegenheit aus, den Staat zu verhöhnen und sich über seine Machtlosigkeit lustig zu machen. Kommissar Beppe Montana erzählte, daß er im April 1982, als Palermo und ganz Italien nur noch von der Ankunft Generals Carlo Alberto Dalla Chiesa in der »Hauptstadt des Verbrechens« sprachen, in einer Bar in Ciaculli eine Razzia durchführen wollte. Als der Polizeitrupp in Kampfmontur die Bar betrat, fanden sie dort lediglich einen alten Kellner hinter der Theke. Der war nicht aus der Ruhe zu bringen, erhob sich gemächlich, stützte sich gegen die Wand, die Arme auseinander, die Beine gespreizt, und fragte, während die Polizisten ihn durchsuchten: »Und? Ist Dalla Chiesa schon angekommen?«

An diesem Ereignis wird deutlich, wie sehr die Mafia selbst die entschlossensten Maßnahmen und Initiativen des Staates verhöhnt. Ein Polizist berichtete mir eine lustige Geschichte von einem Mafiaboß, den er näher kannte: Als dieser von der Berufung Domenico Sicas zum Amt des Hohen Kommissars im Kampf gegen die Mafia und dessen Hauptaufgabe, der Einsperrung flüchtiger Mafiosi, hörte (das war 1988), sei er in tiefes, geradezu allegorisches Schweigen versunken. Schließlich habe er begonnen, von einem Freund zu erzählen, der einen von Zecken befallenen Hund habe. Niemand habe gewußt, wie man das arme Tier von der Qual befreien könne, bis schließlich ein Nachbar ein besonders wirksames Medikament empfahl, welches man den Zecken lediglich direkt in den Mund kippen müsse, worauf diese umgehend sterben würden. »Und wie bekommt man die Zecke zu fassen?« fragte der Polizist. Der Boß entgegnete ihm: »Und wie schnappt der Hohe Kommissar die auf der Flucht?«

Witze übernehmen heute nicht allein die Funktion der Aphorismen von früher. Witze sind für die Cosa Nostra häufig ein Mittel, eine Botschaft zu übermitteln. Ich sprach mit Buscetta über einen Mord. Er war überzeugt, es handle sich dabei um einen Mafiamord, ich war eher unsicher. Als wir das Protokoll beendet hatten, meinte Buscetta, er wolle mir eine Geschichte erzählen. Ich begriff sofort, daß er mir etwas verschleiert mitteilen wollte. »Ein Mann hat eine kleine Entzündung an einer etwas unangenehmen Stelle, nämlich direkt auf den Pobacken. Er geht zum Arzt und sagt: ›Es war so, Herr Doktor, ich wollte unter einem Stacheldraht durchkriechen und habe mir dabei diese Wunde zugezogen, die sich nun entzündet hat.‹ Der Doktor untersucht die Wunde und sagt schließlich: ›Nach dem, was ich sehe, ist das kein Kratzer, wie man ihn sich am Stacheldraht zuzieht.‹ Der Mann entgegnet ihm: ›Herr Doktor, ich versichere Ihnen, es ist so passiert, aber ich bitte Sie, mich so zu behandeln, als wäre es etwas anderes...‹« Buscetta wollte mir damit sagen: »Sie glauben nicht, daß es sich um einen Mafiamord handelt, ich aber schon. Führen Sie Ihre Ermittlungen durch, als handle es sich um ein Verbrechen der Mafia.«

Eine Botschaft kann auch eine Drohung sein. Sie kann einen bevorstehenden Mord ankündigen. Die vorsichtigen und wortkargen Ehrenmänner geben gerne Vorwarnungen. Der *pentito* Antonino Calderone erzählte mir 1987, daß sein Bruder Giuseppe, Chef der Familie von Catania, als er in seinem Auto eine Stange Dynamit fand, sofort bei seinen Freunden und Protektoren herauszufinden versuchte, aus welcher Ecke die Gefahr drohe. Er rief seinen Freund Stefano Bontate in Palermo an und vereinbarte mit ihm, Gaetano Badalamenti und Rosario Riccobono ein Treffen. In Anwesenheit seines Bruders berichtete er, was geschehen war. Die anderen drei hörten ihm mit gleichgültiger oder zerstreuter Miene zu. Während der nachfolgenden Gespräche verhielten sich die Palermer weiterhin rätselhaft. Später, auf dem Weg zum gemeinsamen Mittagessen in Trabia, begann Badalamenti plötzlich, eine Opernmelodie zu pfeifen, deren Leitmotiv lautete: »Schieß oder verschwinde, sonst schießen die andern auf dich.« Giuseppe Calderone schnappte im Vorbeigehen die Botschaft auf und begriff, daß genug diskutiert worden war und nun die Zeit gekommen sei, die Waffen sprechen zu lassen. Er starb übrigens kurze Zeit später.

Diese Männer, die sich mit Machiavelli hätten messen können und die ewig in der Defensive leben, sind gezwungen, stets in ihrer Rolle zu bleiben. Es bedurfte Jahre, bis sie ihr Verhalten gegenüber der Staatsanwaltschaft änderten.

Solange die Nichteinmischung für beide Systeme — Staat und Mafia — die Regel war, gab es ein Drehbuch, nach dem man sich zu richten hatte: Einige Jahre Gefängnis, die Bürde eines »ausländischen«, weil »piemontesischen« Staates, und dann kehrte der Mafioso wieder nach Hause zurück, von seinen Sünden befreit und im Ansehen gestiegen. Das Drehbuch war mit den Richtern perfekt einstudiert: betont höfliche Ehrerbietungen und keine konkrete Kollaborationsbereitschaft. Durch das uneigennützige und unterwürfige Verhalten der Mafiosi,

dessen Ironie sich nicht verbergen ließ, war jede Vernehmung der blanke Hohn. Die Anwälte sagten seinerzeit: »Bestenfalls können Sie meinen Mandanten fragen, wieviel Uhr es ist.«
Als sich aber die Leichenschauhäuser mit den Leichen der Ehrenmänner zu füllen begannen und der Staat eine (provisorische) Bereitschaft zum Kampf zeigte, verlor die rituelle Komponente an Bedeutung, und der Charakter jedes einzelnen kam zum Vorschein: Manche begannen zu jammern, andere wurden bedrohlich unverschämt oder spielten verrückt, wieder andere verweigerten die Aussage, wobei sie den Richter sogar baten, »ihnen das nicht übelzunehmen«, wieder andere erklärten sich schließlich zur Zusammenarbeit bereit, wie in anderen zivilisierten Ländern auch.
In dem Augenblick, in dem die althergebrachten Regeln zusammenbrechen, in dem der Staat entschlossen den Kampf gegen die Mafia aufnimmt, in dem ein Polizeibeamter oder ein Richter sich auf einmal tatsächlich der Erfüllung seiner Pflicht zuwendet, wandeln sich auch die Verhaltensweisen der Beschuldigten.
1980 habe ich zum ersten Mal Michele Greco verhört, der damals noch nicht als Chef der Cosa Nostra unter Anklage stand. Nach einem langen Monolog über seine menschlichen Qualitäten — den ich mir geduldig anhörte — legte ich ihm einige belastende Fakten vor (ich verlangte von ihm Rechenschaft über einen Scheck, den er ohne erkennbaren Grund von Mafiaboß Stefano Bontate erhalten hatte). Als er merkte, daß ich ihm nicht mit einer Liste vager Beschuldigungen kam, sondern mit präzisen Fakten, fühlte er sich in Zugzwang. Er verweigerte die Antwort und wurde statt dessen aggressiv.
Als ich ihn 1986, nachdem er viele Jahre auf der Flucht gewesen war, erneut vernahm, entschuldigte er sich für sein weit zurückliegendes Verhalten und fand schließlich einen Weg, mir zwei Botschaften zukommen zu lassen. Zunächst verglich er mich mit dem Fußballspieler Maradona, der »auf dem Feld

unbesiegbar« ist, »solange ihm keiner ein Bein stellt«, womit er mir sagen wollte, daß es Mittel und Wege gebe, mich auszuschalten. Dann bestätigte er mir, daß er ein Freund des Generalstaatsanwaltes von Palermo, Pili, war. Dieser Justizbeamte wurde wegen seiner nicht ganz korrekten Methoden, die er bei der Ermordung des Verbrechers Salvatore Giuliano angewandt hatte, heftig kritisiert. Was wollte Michele Greco damit sagen? Meines Erachtens sollte das heißen: »Achtung, ich bin ein mächtiger Mann, ich rede mit Leuten, die hoch über dir stehen, ich habe gute Verbindungen zur Macht, und du, du bist nichts als ein kleiner Wurm.«

Die Botschaften der Cosa Nostra an die Außenwelt — Informationen, Einschüchterungen, Warnungen — passen sich in ihrer Form dem gewünschten Ergebnis an. Die Palette reicht von einem Lächeln in den Mundwinkeln, begleitet von einem kleinen Satz (»Sie arbeiten zuviel, das ist schlecht für die Gesundheit, Sie sollten sich ein wenig ausruhen« oder »Ihre Arbeit ist sehr gefährlich; an Ihrer Stelle würde ich ohne meine Leibwächter nicht einmal auf die Toilette gehen« — das sind Sätze, die mir gegenüber geäußert wurden) bis hin zur Bombe. Postkarten oder Briefe mit einem Sarg darauf oder dem Geburtsdatum sowie dem voraussichtlichen Todestag und Patronenpäckchen werden vor allen Dingen bei empfindlichen Personen oder Neulingen verwendet, um das Terrain ein wenig zu sondieren. Mit Anrufen wie »Ihr Sarg steht bereit«, die durch einen betont sizilianischem Akzent noch verstärkt werden, erzielt die Mafia eine ganz besondere Wirkung.

Die stets leicht zu deutenden Drohungen bewirken eine Selbstzensur. Ich würde sagen, man droht nur jemandem, von dem man glaubt, daß er empfänglich für Drohungen ist: Die Mafia hat ihre eigene Logik. Sie versucht, die Zahl der Morde herunterzuschrauben und sich anderer Mittel zu bedienen. Sie mobilisiert Männer des kulturellen Lebens, Politiker und sogar Parlamentarier und läßt sie schriftlich Fragen über den Polizeibeamten oder den störenden Richter stellen. Oder sie übt Druck aus, so daß der Polizeibeamte oder der Richter versetzt wird. Erst ganz zum Schluß greift sie zum Attentat. Der Schritt zur Tat ist in der Regel von Erfolg gekrönt. Die Cosa Nostra beherrscht ihr Metier. Unter den mißglückten Attentaten befindet sich auch jenes, das mich im Juni 1989 treffen sollte: Damals haben die Männer der Mafia einen Fehler begangen. Sie wollten ihren Angriff gegen den Staat besonders spektakulär gestalten und haben dabei eine alte Regel mißachtet: die Präzision. Noch dazu in einem Maße, daß viele die Beteiligung der Mafia überhaupt bezweifelten. Ich glaube jedoch, daß auch die Mafia sich ab und zu überschätzt, zu viel will und ihren Gegner unterschätzt.

Dieses Attentat traf — was häufig geschieht — mit einer für mich sehr komplizierten Phase zusammen, sowohl am Gericht in Palermo als auch in bezug auf die Öffentlichkeit. Dem Attentat ging eine ganze Reihe anonymer Briefe voraus, die der Zeitung *Il Corvo* (Der Rabe) zugestellt worden waren und in denen mir zusammen mit anderen vorgeworfen wurde, wir hätten den *pentito* Salvatore Contorno manipuliert und ihn nach Sizilien geschickt — so der anonyme Schreiber —, um den Corleonesen und ihren Verbündeten den Krieg zu erklären. Ich nenne den Namen der Zeitung *Der Rabe* aus zwei Gründen: Einmal, um festzustellen, daß auch andere als die Mafia versteckte Botschaften verwenden können, und zum anderen, um aufzuzeigen, daß sie sich dabei sehr viel ungeschickter anstellen als die Mafia.

Meine Erfahrung lehrt mich, daß das einzig wirksame und richtige Verhalten den *pentiti* gegenüber darin besteht, ihre Aussagen zunächst natürlich aufmerksam zu prüfen, ihre Behauptungen dann jedoch nicht systematisch abzuwerten.

Da ich die Mechanismen kenne, die die Beziehungen zwischen Ehrenmännern und Fakten steuern und die sich in dem

Satz »absolute Verpflichtung, die Wahrheit zu sagen« zusammenfassen lassen, habe ich meinerseits einem Mafioso, den ich vernehmen mußte, nie Geschichten erzählt. Meine Worte waren stets sehr hart, sehr sachlich, sehr skeptisch und damit sehr offen. Jedes meiner Verhöre begann mit den beiden Sätzen: »Sagen Sie, was immer Sie wollen, aber denken Sie daran: Dieses Verhör wird für Sie ein Leidensweg, denn ich werde Sie in jede nur mögliche Falle locken. Sollte es Ihnen durch Zufall gelingen, mich von der Wahrheit Ihrer Aussage zu überzeugen, dann — und nur dann — könnte ich versuchen, mich für Ihr Recht auf Leben und auf Schutz vor der Bürokratie und der Cosa Nostra einzusetzen.« Mafiosi sind Menschen, die die Wahrheit verdient haben.

Sie sind es gewöhnt, nur dann über eine Sache zu reden, wenn sie darüber Bescheid wissen. Sowohl Buscetta als auch Contorno sagten: »Wenn wir behaupten, etwas wird auf diese oder jene Weise geschehen, dann sagen wir es, weil wir uns dessen sicher sind. Andererseits gibt es Dinge, die wir nicht sagen können — im übrigen würde uns sowieso niemand glauben — und die die direkt als Beweis im Verlauf des Prozesses verwendbaren Angaben entkräften würden.« Ich vertraute ihnen in diesem Punkt, wobei ich mir den Spott meiner Kollegen zuzog, wenn ich sagte: »Ein Ehrenmann hat die Pflicht, die Wahrheit zu sagen, weil die Wahrheit für ihn eine lebensnotwendige Regel ist, solange er auf freiem Fuß ist, und um so mehr, wenn er es nicht mehr ist! Wenn das Wahrheitsgebot von einem Ehrenmann nicht mehr respektiert wird, ist das ein schlechtes Zeichen: Entweder stirbt er oder sein Gesprächspartner.«

Deshalb wird innerhalb der Cosa Nostra wenig gesprochen, und deshalb ist es überflüssig, über Dinge zu reden, die man nur wenig oder schlecht kennt, über Menschen, die nicht zur gleichen Familie gehören, oder gar über Themen, die am Stammtisch erörtert werden. Wenn ein Ehrenmann der Familie von Santa Maria di Gesù etwas erfährt, was die Familie von Ciaculli betrifft, so gibt es keinen Grund, daß er mit irgend jemandem darüber redet. Es geht ihn nichts an. Er darf nur über das reden, was seinen engen Zuständigkeitsbereich betrifft. Andernfalls übertritt er die Regeln und genießt dann keinen Schutz mehr. Die Regel ist der einzige Schutz des Mafioso.

Während der Vernehmung von Francesco Marino Mannoia legte dieser seinem toten Bruder gewaltige Fehler zur Last. Meine Kollegen dachten gleich, er wolle seinen Bruder belasten, weil dieser sich nicht mehr verteidigen konnte. Doch nichts ist unsinniger und abwegiger als diese Unterstellung. Es ist absolut unwahrscheinlich, daß man in einer Organisation wie der Cosa Nostra über einen nahen Verwandten, der verschwunden ist, Lügen verbreitet.

Noch einmal: Die Pflicht lautet, die Wahrheit zu sagen, ganz besonders in der Situation, in der sich Mannoia befand, zumal direkte oder indirekte Blutrache durchaus üblich war. »*Dottore*«, sagte er, »wenn ich etwas sage, womit Sie nicht einverstanden sind, wenn ich sehe, daß ihr Schnurrbart zuckt, dann schweige ich. Sie können sicher sein, daß, wenn ich sage, daß ich mich an etwas nicht erinnere, Sie mich auch nicht länger fragen müssen, denn dann *kann* ich mich nicht erinnern.« Mannoia hätte also lieber geschwiegen, als zu lügen. Mafiosi lassen sich hie und da zu kleinen Ungenauigkeiten oder harmlosen Unwahrheiten hinreißen. Nie aber würde ein Mafioso unehrenhafte Behauptungen aufstellen. Vergessen wir nicht, daß wir es mit Ehrenmännern zu tun haben.

Irgendwann 1986 besuchte ich einen gewissen Peppino Pes, eigentlich ein gewöhnlicher Häftling, der aber, nach der hohen Meinung von sich selbst zu urteilen, durchaus ein Ehrenmann hätte sein können. Er war wegen mehrfachen Mordes verurteilt worden. Er verkündete mir gegenüber, daß er sich um die Essensbeschaffung kümmere, woraufhin ich eine Bemerkung fallenließ, die ich für witzig hielt: »Sagen Sie, Pes, sind Sie sicher, daß Sie Ihre Funktion nicht ausnutzen, um an eine bessere Verpflegung heranzukommen?« Er schaute mich entrüstet an und sagte, halb im Spaß, halb im Ernst: »Herr Richter, ich bin ein Mörder, aber kein Fleischdieb!«

In Sizilien gibt es wahrscheinlich über fünftausend Ehrenmänner. Sie werden sorgfältigst ausgewählt und gehorchen strengen Regeln. Ich sage gerne, daß sie die Universität für organisiertes Verbrechen bilden. Selbst wenn sie sich alle als »Soldaten« bezeichnen, sind sie in Wirklichkeit alle Generäle. Oder vielmehr Kardinäle einer Kirche, die weitaus weniger kompromißbereit ist als die katholische Kirche. Die Entscheidung für ihren Lebensweg ist unumstößlich. Die Cosa Nostra bildet eine Welt für sich, die man als Ganzes begreifen muß. Und man muß von dem Gebot, die Wahrheit zu sagen, als ein für die *Organisation* lebenswichtiges Prinzip überzeugt sein. Niemand verstand, warum im Saal während der Aussage des »Verräters« Buscetta im Maxi-Prozeß in Palermo absolute Stille herrschte, obwohl der ganze Käfig mit rund hundert Mafiosi voll war. Der Grund dafür liegt einerseits darin, daß Buscetta großes Ansehen als Person innerhalb der *Organisation* genoß, und andererseits, daß er, obwohl er ein *pentito* war — und damit »ehrlos« —, Opfer einer unzulässigen Inkorrektheit geworden war: Man hatte zwei seiner Söhne getötet, die noch nicht einmal Ehrenmänner gewesen waren. Die absolute Stille während seiner Aussage gab Buscetta recht, als er behauptete, daß er ein wahrer Ehrenmann sei, während die Corleonesen der Abschaum der Cosa Nostra seien.
Noch ein gutes Beispiel für die extravagante Logik der Gesetze, die die Mafia regieren: Es wird erzählt, daß der Sohn eines Ehrenmannes, der von der Cosa Nostra ermordet worden war, nicht in die *Organisation*, der sein Vater angehört hatte,

aufgenommen werden konnte, weil es eben die erwähnte Pflicht gibt, die Wahrheit zu sagen. Hätte die Cosa Nostra den Sohn aufgenommen, hätte er das Recht gehabt zu erfahren, warum sein Vater ermordet worden war. Er hätte Rechenschaft verlangen können, und es wären Probleme entstanden. Man entschied also, ihn nicht aufzunehmen, um somit nicht lügen zu müssen.

Diese Regeln sind nichts als eine Übersteigerung typisch sizilianischer Werte und Verhaltensweisen. Es gibt Tausende von Beispielen aus dem alltäglichen Leben, die das verdeutlichen. Es ist beispielsweise nicht ratsam, in Sizilien eine Pistole zu tragen, wenn man nicht sicher ist, daß man sie auch benutzen wird. Wenn man sie trägt, benutzt man sie auch, weil man weiß, daß der andere es tun wird. Der Begriff der Pistole zur Abschreckung existiert bei uns nicht. Eine Pistole ist ein Gegenstand, den man hat, um ihn zu benutzen.

Eines Tages wurde ich in Palermo Zeuge einer bezeichnenden Straßenszene. Ein Mann beschimpfte einen Herrn, der sein Auto mitten in den Weg gestellt hatte und den ganzen Verkehr aufhielt. Er wurde immer wütender und schimpfte immer lauter. Der andere warf ihm beiläufig einen Blick zu, sagte ihm irgendeine Unflätigkeit ins Gesicht und wandte sich wieder der Unterhaltung mit seinem Bekannten zu, als wäre nichts gewesen. Der Mann ging nicht weiter auf die Bemerkung ein und zog ab. Er hatte angesichts dieser selbstsicheren Haltung seines Gegenübers offensichtlich begriffen, daß die Angelegenheit, wenn er weiter insistiert hätte, einen Lauf genommen hätte, bei dem er sicherlich als Verlierer hervorgegangen wäre. Das ist Sizilien: die Insel der Macht und der Pathologie der Macht.

In dieses Sizilien, in diese Cosa Nostra mit den starren Regeln und dem unerbittlichen Formalismus sind die *pentiti* hineingeboren. In Gerichtskreisen kursiert ein Spruch: »Ein Mafioso redet nie; tut er es doch, ist er entweder verrückt oder ein toter

Mann.« Das trifft im Normalfall zu. Aber nicht, wenn sich die Mafia im Krieg befindet, und nicht, wenn der Staat offensiv eingreift.

Hinter diesem Klischee des »Ein Mafioso redet nicht« verbarg sich etwas anderes: Fatalismus, eine Art vorbeugende Entmutigung, eine Verweigerung, weiterzugehen. Übrigens taufte man einen Ehrenmann, kaum hatte er seine Bereitschaft zur Zusammenarbeit kundgetan, bezeichnenderweise *pentito*, »Denunziant«, »Ehrloser«. Damit spielte man der Cosa Nostra erst recht in die Hände und verdeutlichte, wie ruchlos und wenig pragmatisch unsere Gesellschaft geworden ist.

Der *pentito* unterscheidet sich vom klassischen anonymen Informanten, dem Polizeispitzel, der zu Ermittlungszwecken eingesetzt wurde, der aber im Verlauf eines Prozesses nie in Erscheinung trat. Der *pentito* stellt die Staatsanwaltschaft und die Öffentlichkeit vor neue Probleme: Indem er andere beschuldigt, belastet er sich selbst. Deshalb verlangt er Schutz: Denn es kann doch nicht normal sein, daß beispielsweise Contorno fünfunddreißig und Buscetta zehn unmittelbare Mitglieder ihrer Familie oder ihres Umfeldes verlieren. Ich hoffe, daß das am 16. März 1991 beschlossene Gesetz, nach dem Modell des amerikanischen Gegenstücks, den Staat in bezug auf den Schutz der *pentiti* in die Pflicht nehmen wird.

Zur Zeit sind es etwa fünfunddreißig *pentiti*, von denen sich acht im Ausland aufhalten. Als sie sich zur Zusammenarbeit bereit erklärten, sicherte ich ihnen zu: »Wenn Sie anständig sind, werden Sie gut behandelt.« Allerdings wurde ich größtenteils vom Staat Lügen gestraft. Ich mußte für jeden einzelnen Fall Lösungen behelfsmäßig zusammenbasteln. Mich wundert nicht, daß einige bereut haben, sich als *pentiti* zur Verfügung gestellt zu haben! Die Richter haben ihnen teilweise härtere Strafen aufgebrummt als anderen Häftlingen.

Die Gefängniswärter haben sie beschimpft und beleidigt, denn es ist nirgendwo gern gesehen, wenn jemand gegen die Gesetze des Milieus verstößt. Das Strafvollzugspersonal hat im allgemeinen unter dem Deckmantel, für die höchstmögliche Sicherheit zu sorgen, keine Gelegenheit ausgelassen, ihnen das Leben — zum Beispiel mit einer Rund-um-die-Uhr-Bewachung — zur Hölle zu machen. Ich frage mich, woher diese Männer die notwendige Kraft nahmen, um dabei nicht vor die Hunde zu gehen.
Durch die *pentiti*, mit denen ich lange Zeit beschäftigt war, erhielt ich in sechs Jahren einen vollständigen Überblick über die Cosa Nostra aus allen erdenklichen Blickwinkeln. Buscetta, der sehr enge Verbindungen zur Politik gehabt hatte, erwies sich auf diesem Terrain eher zurückhaltend. Er ist aber unbestritten derjenige, der am meisten Konsistenz zu bieten hatte. Contorno hingegen ist ein einfacher Handlanger, obendrein in seinem Gesichtsfeld beschränkt. Er zeichnete mir ein Bild von dem, was ein perfekter Soldat sein konnte. Calderone ist sehr menschenfreundlich und sensibel. Er verstand es, mir ein genaues Gesamtbild der sizilianischen Mafia aufzuzeigen. Mannoia ist eine Synthese der drei Vorgenannten. Er verfügte vor allen Dingen auch über Informationen zur jüngsten Entwicklung der Cosa Nostra. Darüber hinaus gab es einen Außenstehenden, der nicht zur *Organisation* gehörte, der mir aber einen Einblick in die Verbindungen der Mafia zur nichtmafiosen Kriminalität verschaffte.
Auch unter den »kleinen *pentiti*« habe ich interessante Leute getroffen. Nicolò Trapani zum Beispiel, ein Palermer, der erst Schiffskommandant, dann Schmuggler war und schließlich Drogenhändler geworden ist. 1984 enthüllte er bis ins kleinste Detail den illegalen Handel und beschrieb die Beziehungen zwischen Cataniern, Palermern und Kalabriern. Obwohl er nicht zur *Organisation* gehörte, war er bei bestimmten Familien angestellt. Er wußte genau, für wen er arbeitete. Er war so eine Art

internationaler Abenteurer. Er behauptete sogar, mit einer somalischen Prinzessin verheiratet gewesen zu sein.
Auch andere *pentiti* waren sehr hilfreich: der Chinese Koh Bak Kin, der Römer Pietro de Riz, die Sizilianer Vincenzo Marsala, Salvatore Coniglio und Leonardo Vitale. Ach ja, Leonardo Vitale, der schon 1973 geredet hatte und zwei Dinge bestätigte: die Richtigkeit der Informationen, die später Buscetta, Contorno und Mannoia preisgaben, und die tiefverwurzelte Trägheit des Staates gegenüber den Mitgliedern der Cosa Nostra, die zu reden bereit waren. Bereits 1973 gab Vitale Informationen preis, die die Polizei und die Staatsanwaltschaft hätten wachrütteln müssen. Er erwähnte den Corleonesen Totò Riina und bezeichnete ihn als einen der Chefs der Cosa Nostra. Und er erzählte eine bezeichnende Geschichte: Die Familien von Porta Nuova und Mezzomonreale diskutierten heftig über die Aufteilung der »Prozentsätze«. Schließlich sprach Riina das letzte Wort und entschied zugunsten der Familie von La Noce: »Diese Leute liegen mir am Herzen.« Auch heute noch ist zu spüren, daß der Chef von La Noce eine der wesentlichen Stützen Riinas ist!
Was Vitale bereits 1973 sagte, konnte erst 1985 wirklich verwertet werden, weil er damals für unglaubwürdig erklärt wurde. Er war sicherlich ein psychisch kranker Mann (es hieß sogar, er leide an Koprophagie), aber was mit ihm geschah, ist im Grunde klassisch: Nach seinem Geständnis berief sich der Staat auf Vitales Charakterzustand, sperrte ihn in ein Heim und erklärte ihn für unglaubwürdig. Vitale leistete sich sogar eine religiöse Krise. Dennoch änderte sich dadurch nichts an der Einstellung ihm gegenüber: Die Gerichte verurteilten ihn, und zur Krönung des Ganzen wurde er 1984 von der Mafia ermordet. Das ist einer der Gründe, warum man denjenigen, die behaupten, man wisse nichts über die Mafia — bei all dem Material, das wir vorliegen haben! —, durchaus die Kompetenz absprechen kann.

Die Motive der *pentiti* sind zugleich ähnlich und doch völlig verschieden. Während unseres ersten offiziellen Gespräches erklärte Buscetta: »Ich bin kein Spitzel. Ich bin kein *pentito*. Ich war ein Mafioso, und ich habe Fehler gemacht. Deshalb bin ich bereit zu zahlen, was ich der Gerechtigkeit schuldig bin. Die Mafia ist ein Krebsgeschwür.« Mannoia: »Ich bin *pentito* im einfachsten Sinne des Wortes, weil ich mir des schweren Irrtums meiner Entscheidung für die Kriminalität bewußt geworden bin.« Contorno: »Ich habe mich zur Kollaboration entschlossen, weil die Cosa Nostra aus einem Haufen von Feiglingen und Mördern besteht.«

Allen voran hat Mannoia meine Neugierde geweckt. Ich hatte das erste Mal 1980 mit ihm zu tun, im Zusammenhang mit Ermittlungen bei einer Bank, die ergaben, daß seine Familie, auf mehrere Konten einer Sparkasse verteilt, sehr viel Geld besaß. Mannoia kam am Ende des Prozesses mit fünf Jahren Haftstrafe davon; das war damals der Höchstsatz für Mitgliedschaft in einer kriminellen Vereinigung. Es gelang mir nicht, ihn wegen Drogenhandels zu verurteilen. Als ich ihn verhörte, wirkte er auf mich wie eine komplexe, aber auch beunruhigende Persönlichkeit. Nicht unsympathisch, eher würdevoll und gesetzt. 1983 brach er aus dem Gefängnis aus. 1985 wurde er wieder gefaßt.

Irgendwann einmal, während unserer Gespräche, erwähnte Buscetta einen gewissen Mozzarella — so lautete Mannoias Spitzname. Er sei ein »sehr zuverlässiger und sehr mutiger« Ehrenmann und ein Vertrauensmann Stefano Bontates, für den er als Killer arbeite. Einige dunkle, sogenannte »transversale« Morde dezimierten sein näheres Umfeld. 1989 tötete man seinen Bruder Agostino Mannoia, den er sehr geliebt hat. Er begriff, daß sich sein Lebensraum innerhalb der Cosa Nostra stark eingeschränkt hatte. Denn entweder hatte man seinen Bruder zu Unrecht getötet, dann mußte er ihn rächen; oder man hatte in zu Recht getötet, dann wäre er als nächster

an der Reihe. Nach einer nüchternen Analyse der Situation entschloß er sich zu kollaborieren.
Das Ganze lief folgendermaßen ab: Im September 1989 rief mich der Polizeibeamte Gianni De Gennaro an und bat mich um nähere Auskünfte über Francesco Marino Mannoia. Eine Frau, die sich als Mannoias Lebensgefährtin ausgab, war vorstellig geworden, um zu erklären, daß Mannoia bereit sei zu kollaborieren, jedoch nur mit zwei Personen sprechen wolle, nämlich mit De Gennaro und Falcone, weil, wie die Frau sagte, er »nur diesen beiden vertraue«.
Mit Hilfe der Strafvollzugsabteilung des Justizministeriums wurde Mannoia in eine in Rom extra für ihn eingerichtete Zelle gebracht. Offiziell saß er im Gefängnis Regina Coeli, in das er im übrigen auch für alle seine Treffen gebracht wurde. Drei Monate lang konnten wir uns in Ruhe unterhalten. Dann hatte sich die Nachricht von seiner Kollaboration herumgesprochen: Die Cosa Nostra tötete mit einem Schlag seine Mutter, seine Schwester und seine Tante. Mannoia reagierte wie ein Mann. Er machte weiter und führte die Gespräche zu Ende.
Er war ein *transversaler* Ehrenmann, der, wenn man so sagen will, die ganze Bandbreite der Mafia abdeckte: Er war Soldat Stefano Bontates und damit Mitglied einer Familie, die sozusagen als Verlierer aus dem Mafiakrieg hervorgegangen war. Es gelang ihm dennoch, neutral zu bleiben und weiterhin, von 1977 bis 1985, für alle Familien, die ihn darum baten, Heroin zu verfeinern — er galt als der beste Chemiker der *Organisation*. Selbst im Gefängnis hatte er zu allen Häftlingen gute Beziehungen. Er verstand es wahrlich, ein altes sizilianisches Sprichwort zu leben: *Calati, juncu, ca passa la china*, beuge dich, Schilfrohr, das Hochwasser wird vorübergehen. Im stillen wartete er auf die Rache an den Corleonesen. Deshalb auch das gewaltige Geständnis, eines der dichtesten Geständnisse, die es überhaupt geben kann, und eine Vielzahl

von Informationen, die wir bei weitem noch nicht alle auswerten konnten.
Das Thema *pentiti* brachte mir heftige Kritik ein. Man warf mir vor, ich unterhielte »traute« Beziehungen im Stile von »Kamingesprächen«. Man fragte sich, wie es mir wohl gelungen sei, so viele zur Zusammenarbeit zu überreden. Man ließ einfließen, ich hätte diesen Männern alles mögliche versprochen, um Informationen aus ihnen herauszuquetschen. Man behauptete, ich versteckte bei mir zu Hause den politischen Teil der Aussagen Buscettas. Man verbreitete, ich würde mit einem Teil der Mafia zusammenarbeiten, um den anderen auszulöschen. Das Ganze gipfelte schließlich in dem Schreiben des *Corvo*, in dem dargelegt wurde, ich hätte mit Hilfe und Unterstützung De Gennaros, des Polizeichefs, und anderer Kollegen den *pentito* Contorno nach Sizilien zurückgebracht, damit er die Corleonesen erledigte!
Kurz gesagt, wenn Ergebnisse im Kampf gegen die Mafia erzielt worden seien, so die Briefe, dann nur deswegen, weil ich das Gesetzbuch mit Füßen getreten und Unregelmäßigkeiten begangen habe. Meine Prozesse sind aber öffentlich und von jedem einsehbar. Von mir aus kann jeder nach Unregelmäßigkeiten in den Prozessen suchen, solange er will: Hunderte von hyperkompetenten Anwälten haben sich daran versucht. Vergeblich.
Das wahre Problem liegt ganz woanders. Warum haben diese Ehrenmänner Vertrauen zu mir? Ich glaube, weil sie wissen, wie sehr ich ihre Qual achte; weil sie sicher sind, daß ich ihnen gegenüber nicht zu bluffen versuche, daß ich meine Rolle als Richter nicht bürokratisch auffasse, daß ich vor niemandem ehrfürchtig zusammenzucke; und vor allem wissen sie, daß sie, wenn sie mit mir reden, mit jemandem reden, der in gewisser Weise eine ähnliche Erfahrung gemacht hat wie sie.
Ich bin im gleichen Viertel aufgewachsen wie viele von ihnen. Ich kenne die sizilianische Seele gut. Eine Veränderung im

Ton, ein Augenzwinkern verraten mir mehr als eine lange Rede. Meine *pentiti* sind sich im klaren, daß ich weiß, daß die Mafia nur die verzerrte, übertriebene, bis ins Abwegige gehende Extremform der sizilianischen Wesensart ist.

Ich wurde somit also zum Verteidiger aller *pentiti*. Auf jeden Fall achte ich sie alle, auch diejenigen, die mich enttäuscht haben, wie z. B. Contorno, denn keiner von ihnen hat je versucht, mich zum Narren zu halten. Ich teilte mit ihnen ihr leidvolles Abenteuer, ich ahnte, wie schwer es ist, von sich zu reden, Fehler preiszugeben, von denen man nicht weiß, welch schlimme Konsequenzen sie je haben werden, wohl wissend, daß auf beiden Seiten der Schranke die Leute nur auf eine Gelegenheit warten, einen Verstoß gegen die *omertà* teuer bezahlen zu lassen.

Man muß nur einmal versuchen, sich in ihre Lage zu versetzen: Sie waren Ehrenmänner, die von einer Organisation bezahlt wurden, die ernst zu nehmender und stabiler war als ein Staat und die sie effizient schützte. Plötzlich werden sie einerseits mit einem unwissenden Staat konfrontiert, andererseits mit einer durch ihre Geständnisse nach Blut lechzenden Organisation.

Das ist der Grund, warum ich im Vorfeld der Verhöre zunächst einmal versuche, das Problem jedes einzelnen zu erfassen und in den jeweiligen Kontext einzuordnen: Ich wähle Themen aus, von denen ich annehme, daß sie ihren Wunsch zu reden bestärken. Aber ich täusche sie nie über die mit ihrer Kollaboration verbundenen Probleme im Anschluß hinweg. Ich duze sie nie. Andere haben das sogar vor meinen Augen gemacht. Ich beschimpfe und beleidige sie auch nicht, wie manche, die glauben, dazu berechtigt zu sein. Ich bringe ihnen auch keine sizilianischen Kuchen mit, wie man behauptet hat: »Falcone bringt Buscetta jeden Tag *cannoli* mit . . .« Zwischen ihnen und mir steht immer ein Tisch, sowohl konkret als auch im übertragenen Sinne, denn der Staat bezahlt mich

nicht dafür, Freundschaften zu schließen, sondern Kriminelle zu fassen.
Manche fragen sich, ob es »echte« und »unechte« *pentiti* gibt. Ich kann darauf nur antworten, daß man das innerhalb weniger Sekunden merkt. Ein gewisser Pellegriti, der mit der Staatsanwaltschaft schon im Zusammenhang mit Verbrechen in der Provinz Catania zusammengearbeitet hatte, behauptete komischerweise zu wissen, wie 1980 der Präsident der Region Sizilien, Pier Santi Mattarella, in Palermo ermordet worden sei. Ich besuchte ihn zusammen mit Kollegen 1989 im Gefängnis. Er gab uns gegenüber an, die Palermer und Catanier Mafia habe ihn beauftragt, Pistolen für die Ermordung in die Hauptstadt zu transportieren.
Die Lüge lag auf der Hand: Erstens muß eine Organisation wie die Cosa Nostra nicht erst Pistolen nach Sizilien einführen; zweitens ist es völlig ausgeschlossen, daß die Mafia bei einem so »auserlesenen« Mord wie diesem, der auf höchster Ebene von der Kommission beschlossen wurde, die Ausführung auch des kleinsten Details anderen als reinen Vertrauensmännern überließe, die darüber hinaus vorsorglich noch den Chef der Familie informierten, auf dessen Territorium sich die Aktion abspielen sollte. Selbst wenn sie mit jemandem darüber gesprochen hätten, dann nur mit anderen Ehrenmännern.
1984 machte man mich auf einen anderen *pentito*-Kandidaten mit Namen Vincenzo Marsala aufmerksam: Er hatte im Prozeß um den Mord an seinem Vater brisante Aussagen über die Familien von Termini und Caccamo geliefert, wobei er behauptet hatte, die Informationen von seinem Vater erhalten zu haben.
Wir ließen ihn nach Palermo kommen und stellten ihm ein paar Fragen. Obwohl er dies heftig bestritt, war ich mir zu 99 Prozent sicher, daß er ein Ehrenmann war. Also sagte ich zu ihm: »Herr Marsala, von nun an sind Sie angeklagt wegen Mitglied-

schaft in einer kriminellen, mafiaähnlichen Vereinigung. Entscheiden Sie sich, was Sie tun wollen.« Er schaute mich an und behauptete weiterhin, er gehöre nicht der Cosa Nostra an. Ich brach daraufhin das Verhör ab. Einige Wochen später ließ er uns wissen, daß er tatsächlich aussagen wolle. Sein Geständnis als Mafioso war sehr nützlich.
Je näher ich diese Mafiosi kennenlernte und beruflich intensiver mit ihnen zu tun hatte, desto mehr hat sich meine Einstellung gegenüber anderen und selbst gegenüber meinen eigenen Überzeugungen verändert.
Ich lernte, daß man sich wie ein Mann verhalten muß, egal, was kommt, daß man das, woran man glaubt, substantiell und nicht nur formell achten muß. Die Übereinstimmung zwischen dem, was man denkt, und dem, was man tut, ist für die körperliche und seelische Ausgeglichenheit eines Menschen von kapitaler Bedeutung.
Ich lernte, daß jegliches Verhalten, das auf einem Kompromiß, auf Verrat oder einfach nur auf der Flucht nach vorn beruht, unweigerlich Schuldgefühle, Sehnsucht und das unangenehme Gefühl, sich selbst entfremdet zu sein, hervorruft.
Der kategorische Imperativ der Mafiosi, der sich in der kurzen Formel ausdrückt »immer die Wahrheit sagen«, ist immer deutlicher zum Leitsatz meiner persönlichen Auffassung von Ethik geworden, zumindest was die in meinem Leben wichtigen Beziehungen betrifft. Interessanterweise habe ich von der Mafia eine Lektion in Moral erhalten.
Durch dieses Abenteuer habe ich letztlich auch zu einer wirklichkeitsnäheren Auffassung des Staatsbegriffs gefunden. Dafür gibt es zwei Gründe: Angesichts des Mafiastaates habe ich begriffen, um wieviel effizienter und funktionstüchtiger er im Vergleich zu unserem Staat ist und wie wichtig es aus diesem Grunde für seine Bekämpfung ist, ihn gut zu kennen.
Dies alles schließt dennoch nicht auch eine gehörige Portion Skepsis aus. Allerdings nicht so wie Leonardo Sciascia, der

zwar die »Notwendigkeit eines Staates« einsah, aber überhaupt kein Vertrauen in ihn hatte. Ich habe schon Vertrauen. Meine Skepsis gleicht eher methodischen Zweifeln zur Festigung meiner Überzeugungen als einem allgemeinen, alles verdächtigenden Mißtrauen. Alles in allem hindert sie mich nicht, an den Staat, so, wie er ist, mit all seinen Irrtümern und Unzulänglichkeiten, aber auch mit seinem Status als Rechtsstaat, zu glauben. Ich bin sogar im Gegenteil davon überzeugt, daß das mangelnde Staatsbewußtsein, das Fehlen des Staates als verinnerlichter Wert, exakt Zustände wie in Sizilien herbeiführt. Kennzeichnend für diese Situation ist der Ruf nach der Dualität von Gesellschaft und Staat; das Festhalten an der Familie, der Gruppe oder dem Clan; die Suche nach einem Alibi, das jedem erlaubt, in vollkommener Anomie zu leben und zu arbeiten, losgelöst von jeglichen Normen des Gemeinschaftslebens. In Sizilien entstand die Mafia exakt aus dieser Mischung von Anomie und primitiver Gewalt. Diese Mafia ist in ihrem Wesen, wenn man genau nachdenkt, nichts anderes als der Ausdruck eines Verlangens nach Ordnung und damit nach Staat.

Ob meine Skepsis eine Art Selbstschutz ist? Wann immer ich Mißtrauen gegenüber jemandem verspürte, bewiesen die Ereignisse mit geradezu manischer Zuverlässigkeit, daß meine Besorgnis berechtigt gewesen war. Ich kenne die Böswilligkeit und die Listigkeit vieler meiner Mitmenschen peinlich genau. Ich beobachte und seziere sie. Ich versuche, ihren Schlägen unter die Gürtellinie vorzubeugen. Alles ist eine Frage der Zeit.

Der Mafioso empfindet die gleiche Skepsis gegenüber der menschlichen Spezies. »Bruder, denk daran, daß auch du sterben mußt«, sagt die katholische Kirche. Der ungeschriebene Katechismus der Mafiosi enthält einen ähnlichen Rat: Das ständige Risiko zu sterben und die Abwertung des Lebens versetzen den Mafioso in dauerhafte Alarmbereitschaft.

Manchmal wundert man sich über die unwahrscheinlichsten Einzelheiten, die im Gedächtnis eines Angehörigen der Cosa Nostra gespeichert sind. Wenn man aber wie sie zu allen Zeiten mit dem Schlimmsten rechnen muß, ist man gezwungen, selbst den kleinsten Krümel wahrzunehmen. Nichts ist unwichtig. Nichts ist dem Zufall überlassen. Die Gewißheit des bevorstehenden Todes, in der nächsten Minute, in der nächsten Woche oder erst in einem Jahr, umhüllt jeden Augenblick des Lebens mit der Aura der Angst.
Der häufige Kontakt mit den Ehrenmännern hat mir gezeigt, daß die Gedankengänge der Mafiosi alles andere als überkommen oder unverständlich sind. Sie sind letztlich nichts anderes als die Logik der Macht. Und man darf sie nur unter einem Gesichtspunkt deuten: ihre Funktionalität in bezug auf ein Ziel. Dies hat mich angeregt, direkter zu sein und die Diskrepanz zwischen Wort und Tat zu verringern. Wie es die Mafiosi tun.
Manchmal erscheint es mir, als wären diese Mafiosi die einzigen rational denkenden Wesen in dieser Welt voll Verrückter. Sciascia sagte sogar einmal, daß die schlimmsten Kartesianer in Sizilien sitzen würden...
In meinen melancholischen Stunden denke ich manchmal über das Schicksal der Ehrenmänner nach: Warum müssen sich Menschen, die ganz offensichtlich über enorme intellektuelle Fähigkeiten verfügen, eine kriminelle Welt aufbauen, um in Würde leben zu können?

3.
Verflechtungen

Der *pentito* Antonino Calderone wuchs von Kindesbeinen an im Milieu der Cosa Nostra auf. Die Mafia hatte er gewissermaßen mit der Muttermilch eingesogen: Sein Onkel war ein bedeutender Mafiachef in Catania. Eines Tages, ich glaube im Jahr 1960, mußte er mit einem bösartigen Tumor nach Mailand in ein Krankenhaus gebracht werden, in dem ihn Antonino, der damals noch kein Ehrenmann war, besuchte. Sie hatten ein sehr gutes, liebevolles Verhältnis.
Gegen Ende des Gesprächs wollte der Onkel ihm noch etwas mit auf den Weg geben. Er traf zunächst die üblichen Vorkehrungen: »Selbstverständlich wird zwischen einem Mitglied der Cosa Nostra und einem Nichtmitglied nicht über die *Organisation* gesprochen«, begann er, seufzte und ließ völlige Stille einkehren. Er wußte natürlich, daß sein Neffe ein Kandidat für die Cosa Nostra war. »Siehst du die Rose da auf der Fensterbank?« fuhr er fort. »Wenn du sie anfaßt, sticht sie dich. Sie ist schön, sehr schön sogar, aber sie sticht dich.«
Erneut wurde es still im Raum. Der Onkel spürte, wie seine Kräfte nachließen: »Wenn du wüßtest, wie schön es ist, in Ruhe einschlafen zu können, ohne Angst haben zu müssen, mitten in der Nacht aus dem Schlaf gerissen zu werden. Durch Straßen laufen zu können, ohne sich aus Furcht, daß einem jemand in den Rücken fällt, ununterbrochen umdrehen zu müssen!« Damit wollte er sagen: »Überleg es dir gut, mein Neffe, bevor du Soldat der Cosa Nostra wirst, dieser wundervollen Rose. Überleg es dir gut, bevor du den Sprung wagst. Denn du trittst in eine Welt voll Tod, Angst und allem

voran voll Traurigkeit.« Antonino Calderone erinnerte sich noch 1987 an dieses weit zurückliegende, verschlüsselte Gespräch. Später sagte er mir: »Ich kann meinem Onkel nur recht geben.«

In der *Organisation* herrscht Konservativismus in Reinkultur. Man glaubt, daß die Bibelzitate, die die Mafiosi im Laufe der Prozesse zitieren, lediglich Ausflüchte sind. Einerseits trifft dies zu. Andererseits sind sie aber auch Ausdruck der Übereinstimmung der Cosa Nostra im Kern mit den großen christlichen Werten. Ich würde sogar behaupten, daß sich die Ehrenmänner sehr viel strenger nach ihnen richten als der Durchschnitt der Gläubigen. Weil es in ihrem Interesse liegt, mit dem Rest der Gesellschaft nicht in Konflikt zu geraten. Weil diese Werte ganz und gar mit ihrem bürgerlichen Credo übereinstimmen.

Ein Mann, der mehrere Frauen hat oder sichtbar außereheliche Beziehungen pflegt, der also nicht in der Lage ist, sich sexuell und emotional zu kontrollieren, ist auch beruflich nicht zuverlässig. Die einzige Frau, die für einen Mafioso wirklich zählt, ist die Mutter seiner Kinder; alle anderen Frauen sind für ihn Nutten. Sollte ein Mafioso zufällig unglücklich verheiratet sein, sei's drum. Derlei Ereignisse sind nicht wichtig in seinem Leben. Und wenn ihm seine Frau nicht gefällt? Er darf sie auf keinen Fall verlassen, sondern hat sich den entscheidenden Werten der Familie anzupassen. Er muß sich darum kümmern, daß Mutter und Kinder geachtet werden und es ihnen an nichts mangelt. Alles andere ist seine Sache. Er kann machen, was er will, allerdings mit äußerster Diskretion.

Ein in der Cosa Nostra hochgehaltenes Sprichwort lautet unverblümt: *Meglio comandare che fottere*, lieber befehlen als schmusen. Aus diesem Grund hatte Tommaso Buscetta, obwohl er hohes Ansehen genoß, in der *Organisation* nie Verantwortung zu tragen, und deshalb wurde er von der Cosa No-

stra abgesetzt, *posato*: Er führte ein recht lebhaftes Liebesleben, war dreimal verheiratet und war deshalb ein zu großer Unsicherheitsfaktor.
Im Laufe des Maxi-Prozesses äußerte Luciano Leggio, einer der großen Bosse, der die ablehnende Haltung der Ehrenmänner gegenüber nonkonformistischen Privatleben genauestens kannte, den Vorwurf, Buscetta habe in Brasilien versucht, die Frau eines Ehrenmannes zu vergewaltigen, der noch dazu sein bester Freund gewesen sei ... Auch die Anwälte der großen Bosse, die ihre Angriffe auf Buscetta konzentrierten, um damit die Glaubwürdigkeit seiner Aussagen in Frage zu stellen, ließen keine Gelegenheit aus, ihn als *donnaiolo*, Schürzenjäger, hinzustellen.
Ein vergleichbarer Konservativismus beseelt auch die amerikanische Mafia. Ein Mitarbeiter des FBI, der selbst Mafioso war, erzählte, daß man ihn, nachdem er der Cosa Nostra Treue geschworen hatte, als erstes zum Frisör schickte, um ihm die Haare und den Bart zu schneiden, und anschließend in ein Kleidungsgeschäft, um ihm einen diskreten Anzug zu verpassen. Man tut gut daran, sich konformistisch zu verhalten ... Denn wer sich amüsiert oder zu exzentrischer Lebensweise neigt, riskiert ganz einfach, ausgeschlossen oder getötet zu werden.
Die Spielleidenschaft des Palermers Alfredo Bono, der große Geldsummen in norditalienischen Spielcasinos umsetzte, war nicht besonders gern gesehen. Von jeher verabscheute die Mafia ganz allgemein das Herauskehren von Dingen, die mit Geld und Sexualität zu tun haben. Nicht aus moralischen Gründen, sondern weil jemand, der sich so auffällig verhält und damit psychologisch und emotional verwundbar ist, nicht mehr vertrauenswürdig ist. Der Mailänder *pentito* Angelo Epaminonda erzählt mit Genuß, in welche Verlegenheit er zwei eher traditionalistische Mafiosi Siziliens stürzte, als er in Palermo mit zwei Superfrauen aufkreuzte, die er ihnen als

Tänzerinnen vorstellte: Die beiden Chefs fühlten sich sichtlich unwohl in ihrer Haut, wußten nicht, wie sie sich gegenüber den Mädchen verhalten sollten, wagten kaum, sie anzusprechen, beobachteten sie zwar neugierig, aber stets mit schiefen Blicken und legten, alles in allem, doch ein recht provinzielles und unbeholfenes Verhalten an den Tag.

Daraus sollte man nicht schließen, daß Mafiosi wie Franziskanermönche leben. Sie verrichten zweifelsohne eine schwierige Arbeit, die ihnen Ausdauer, Mut und Grausamkeit abverlangt. Das alles hindert sie jedoch nicht daran, auch die Freuden des Reichtums, der Macht und der Sexualität zu genießen. Ich würde sogar sagen, daß die meisten, die ich kennengelernt habe, bis zum Hals in außerehelichen Affären stecken. Die Regeln und ihre formelle Einhaltung sind eine Sache, die praktische Anwendung und Auslegung eine andere. Alles ist eine Frage des Stils. Hauptsache, die Ehefrau wird vor ihrem sozialen Umfeld nicht gedemütigt. Was heimlich, ohne ihr Wissen und ohne Anlaß zu Witzeleien geschieht, ist kein Problem, weder für sie noch für den Ehrenmann, noch für die Mafia. Ich würde sogar sagen: im Gegenteil! Sexuelle Erfolge können, auch wenn sie in aller Diskretion stattzufinden haben, durchaus die berufliche Autorität eines Mafioso steigern.

Im Verhalten der Mafiosi lassen sich also Veränderungen feststellen, die letztlich nur wieder die hervorragende Anpassungsfähigkeit der Mafia unter Beweis stellen. Der alte Mafioso vom Lande achtete die seinem Umfeld entsprechenden Sitten und Gewohnheiten. Der Stadtmafioso heute ist von dem von Konsum bestimmten Milieu, in dem er lebt, vergiftet. Er hat sich den Verhaltensmustern der modernen Gesellschaft angepaßt und ist in ihr funktionstüchtig geworden.

Doch hat er dabei etwas bewahrt, was den anderen Mitgliedern dieser Gesellschaft verlorengegangen ist: eine Kulturzugehörigkeit und Grundwerte. In einer Welt, die ihre Orientierungswerte verloren hat, bewahren die Mafiosi ihre Identität.

Diese Grundwerte bestimmen das Leben eines Ehrenmannes. Zum Beispiel, Würde zu bewahren. Selbst im Gefängnis. Hat ein Mafioso versucht, sich in seiner Zelle zu erhängen, wird er umgebracht. Weil er bewiesen hat, daß er nicht in der Lage ist, die harte Probe des Lebens in einer Gefängniszelle zu bestehen, und somit allgemein schwierigen Situationen nicht gewachsen ist. Ein Mafioso darf nie zeigen, daß er ein psychologisches Problem und damit eine Schwäche hat.

Das ist das gleiche Prinzip wie bei den Eskimos oder bei anderen Völkern, die ihre Alten und Kranken oder Verletzten zurücklassen, weil sie ihr Fortkommen auf feindlichem Gebiet und damit das Leben aller gefährden. Für eine Gruppe wie die Mafia, die sich vor dem Staat schützen muß, sind Schwache oder »Kranke« zu gefährlich und müssen beseitigt werden.

Wir verstehen nun besser, warum ein Mafioso nicht redet und nie Gefühle nach außen zeigt. Antonino Calderone erzählte mir, daß Tommaso Buscetta drei Jahre lang mit dem Mafioso Sirchia, der seinen sehr engen Freund Bernardo Diana getötet hatte, die Zelle teilte. Während dieser gesamten drei Jahre hat er nicht einmal Feindseligkeit oder irgendeine erkennbare Gefühlsregung ihm gegenüber gezeigt oder ihn angegriffen. Unglaublich, oder? Buscetta wußte ganz genau, daß Sirchia von der Cosa Nostra verurteilt worden war und daß er getötet werden würde — was er auch wurde —, und dennoch fühlte er sich stark genug, ohne mit der Wimper zu zucken auf die Auslöschung seines Feindes geduldig zu warten.

Die Haltung angesichts des Todes ist noch bezeichnender. Warum weint niemand um Salvatore Inzerillo, der im Alter von vierzig Jahren ermordet wurde? Nicht weil er keine Freunde hatte. Noch weniger, weil niemand daran denkt, ihn zu rächen. Sondern ganz im Gegenteil, weil alle in der Cosa

Nostra ihm Respekt und Bewunderung zollen: Er lebte wie ein Löwe und starb aufrecht. Man muß sich folgendes klarmachen: Für einen Ehrenmann ist es lästig, ermordet zu werden, aber gleichzeitig kommt es wiederum in besonderem Maße seinem Prestige zugute. Seine Nachkommen können stolz auf ihn sein.

Salvatores Bruder Santo Inzerillo wurde 1981 mit einer Schnur erwürgt, nur wenige Tage nach der Ermordung seines älteren Bruders. Er wurde von den Corleonesen zusammen mit seinem Freund Mimmo Teresi überrascht. Während des ganzen Vorgangs heulte Teresi — mehr aus Wut als aus Angst. Santo sagte ganz ruhig und trocken zu ihm: »Hör auf zu jammern und sag den Hahnreien, sie sollen sich beeilen.« Ein wichtiger Satz für seine Kinder, denen dieser zugetragen wurde. Sie können sich damit brüsten, daß sie einen Vater hatten, der den Tod nicht fürchtete.

Interessanterweise brachte denen, die ihn erwürgt hatten, diese Haltung ebenfalls einen Prestigegewinn ein, denn sie konnten nun sagen, daß sie eine wahrhaft große Persönlichkeit umgebracht hatten. Dieser Schluß wird analog in dem amerikanischen Film *Jeremiah Johnson* dargestellt. Der Film beschreibt die merkwürdige Beziehung zwischen einem einsamen Trapper und einem ihm feindlich gesinnten Indianerstamm. Sich mit einer angesehenen Persönlichkeit zu messen bringt Ruhm; sie zu töten ist noch ruhmvoller; von ihr getötet zu werden ist ehrenhaft.

Spricht man dieses scheinbar zweigleisige Verhalten in der Öffentlichkeit und im Privatbereich an, diese formelle Sorge um die Wahrung des Scheins, der trotz allem mit einem starken Zusammengehörigkeitsgefühl verbunden ist, ist man geneigt hinzuzufügen: Na also, da ist sie ja, die berühmte typische Doppelmoral der Mafia! In Wirklichkeit ist es aber gar keine Doppelmoral. Oder es ist die Doppelmoral aller Sizilianer, eine Moral, die die Mafia auf krimineller Ebene lediglich in

Reinkultur lebt. Eigentlich neigte man über viele Jahre hinweg dazu, Mafia und mafiose Mentalität miteinander zu verwechseln, nämlich die Mafia als kriminelle Vereinigung und die Mafia einfach nur als Lebenseinstellung. Ein schwerer Irrtum! Man kann mentalitätsmäßig durchaus ein Mafioso sein, muß aber deswegen nicht kriminell sein.

Die Doppelmoral oder die Zweideutigkeit der sizilianischen Seele ist ein Vermächtnis der Geschichte, als sich Sizilien mit seiner einzigartigen ethnischen Bevölkerungsgruppe vor den Übergriffen der Außenwelt verteidigen mußte und zu diesem Zweck ein Verhalten entwickelte, das es den Sizilianern ermöglichte, gegen die Besatzer Widerstand zu leisten und zu überleben. Von überall her drangen Eroberer ein. Jedesmal mußte man sich neu anpassen — oder wenigstens so tun, bis sie wieder abzogen. Sie sind übrigens alle wieder verschwunden. Allerdings hinterließen sie uns ein Temperament, das ich »misoneistisch« nennen würde, das heißt »alles Neue hassend«. Ein Gemisch aus scheinbarer Unterwürfigkeit, Treue zur Tradition und einem schwindelerregenden Stolz. Das hat zur Folge, daß die Sizilianer Neues nach den ihnen eigenen Kriterien und Mustern übernehmen und sich entsprechend anpassen.

Auf der Grundlage dieses Erbes hat der Mafioso sich seinen eigenen »Misoneismus« aufgebaut. Nach außen hin heuchelt er großen Respekt vor dem Rest der Welt. Er weiß ganz genau, daß er in sozialen, administrativen und politischen Strukturen leben muß, die — ob er will oder nicht — stärker sind als die seiner *Organisation*. Dies zwingt ihn, Höflichkeit vorzutäuschen und Willfährigkeit zu heucheln. Ein typisches Verhalten für jemanden, der sich in der schwächeren Position weiß (in bezug auf Struktur- und Kräfteverhältnis, nicht, wie ich betonen möchte, in bezug auf die Werte), für jemanden, der weiß, daß im Fall eines Krieges, eines echten Krieges, er den kürzeren ziehen würde. Er muß sich deshalb damit zu-

friedengeben, Guerilla zu spielen, und er muß sich vor allen Dingen dem vorherrschenden Gesetz fügen.
Sobald der Staat seine Präsenz in Sizilien weniger deutlich manifestiert, macht sich die Mafia breit. Der Mafioso wähnt sich sicher und glaubt, straflos zu bleiben. Dieser Dialog Staat/Mafia, das Auf und Ab dieser beiden Systeme, zeigt, daß die Cosa Nostra kein Anti-Staat ist, sondern eine parallele Organisation, die durch illegale Geschäfte von den Lücken der Wirtschaftsentwicklung profitieren will. Sobald sie sich angegriffen fühlt, reagiert sie, indem sie sich zurückzieht. Man muß sich immer wieder vor Augen halten, daß die Mafia im Vergleich zu allen anderen Institutionen und zur gesamten Gesellschaft die flexibelste, anpassungsfähigste und pragmatischste Organisation ist, die es je gegeben hat.
Ich bin mir durchaus bewußt, daß meine Aussagen paradox erscheinen mögen. Ausgangspunkt war die Doppelmoral. Gelandet sind wir beim Thema Staat — wie sollte man auch den Staat auslassen können, wenn man von der Mafia spricht? — und bei der Feststellung, daß die Mafia sich am Staat nährt und ihr Verhalten dem seinen anpaßt. Die Mafia fühlt sich — wie alle Sizilianer — von den Fehlern des Staates und seinem Desinteresse gegenüber der Insel verletzt. Und je mehr sich der Staat und die Institutionen von der Insel zurückziehen, desto stärker wird die *Organisation* ihre Machtposition behaupten.
Diese Doppelmoral, die keineswegs von der Pflicht enthebt, das gegebene Wort zu halten, ist auch diejenige des »Volkes der wahren Männer«, wie sich die Sioux selbst nannten. Nicht stehlen, nicht die Frau eines anderen begehren sind Regeln, die für dieses Volk innerhalb seiner Kulturgemeinschaft gelten. Seit kurzem begreift man dank der Filme und Bücher, daß die Blutbäder der Sioux, der Rothäute allgemein, gegen die weißen Kolonialisten für ihre Völker eine Logik und einen Sinn hatten. Es gibt viele Gemeinsamkeiten zwischen den

Helden aus *Der mit dem Wolf tanzt* und den Sizilianern, auch wenn ihre Kultur durch die Cosa Nostra überspitzt und verwandelt wurde.
Ehrenmänner sind weder Dämonen, noch sind sie schizophren. Sie würden Vater und Mutter nicht für ein paar Gramm Heroin umbringen. Es sind Männer wie wir. Nur neigt man bei uns, in der westlichen Welt und besonders in Europa, dazu, das Böse austreiben zu wollen, indem man es auf eine Kulturgemeinschaft oder auf uns fremde Verhaltensweisen projiziert. Wenn man aber die Mafia wirksam bekämpfen will, darf man aus ihr kein Monster, keine Krake oder kein Krebsgeschwür machen. Man muß begreifen, daß sie uns ähnlich ist.

Diejenigen, die aus der Cosa Nostra ausgetreten sind, haben begriffen, was für eine Kultur des Todes sie vertrat und verehrte. Sie haben sich aus Opposition für das Leben entschieden. Sehr aufschlußreich war der Seufzer von Marino Mannoia, als er an die Zeit seines Beitritts dachte: »Welch eine Tragödie! Und dabei liebte ich doch Frauen und Ferraris so sehr!« Und er erzählte von seinen Spritztouren nach Neapel, um sich zu amüsieren und zu entspannen, »sich ein schönes Leben zu machen«, wie man so schön sagt. Ich habe oft versucht, ihn mir als den »Chemiker der Mafia« vorzustellen: den ganzen Tag lang in einem provisorisch eingerichteten, unbequemen und übelriechenden Labor eingesperrt, um Dutzende Kilo Basismorphin zu verfeinern. Ich habe auch versucht, mir sein Leben im Gefängnis vorzustellen. Er, der zu den Verlierern im Mafiakrieg gehörte, der für alle gleichermaßen gearbeitet hatte und der seine Zelle mit den schlimmsten Feinden seiner ursprünglichen Familie, der Familie von Santa Maria di Gesù, teilen mußte. Auch versuchte ich, mir seine enge Beziehung zu seinem Bruder Agostino vorzustellen, der der Familie von Ciaculli und damit dem Siegerfeld angehörte und der trotz allem von den Corleonesen ermordet worden war. Ich versuchte also, seinen psychologischen Werdegang nachzuvollziehen.

Aus internen Gründen der Cosa Nostra mußte Mannoia die Tochter des Bosses Pietro Vernengo mit Namen Rosa heiraten, obwohl er in eine andere Frau, Rita, die übrigens auch ein Kind von ihm erwartete, verliebt war. Das hat er sich nie verziehen. Diese Geschichte quälte ihn sein Leben lang. Zum Schluß war es dann Rita, die ihn auf seinem Weg als *pentito* begleitete. Sie führte auch mit sicherem Händchen die Verhandlungen mit dem Polizeibeamten Gianni De Gennaro über die Modalitäten seiner »Übergabe«. Mannoia hatte nie aufgehört, sie zu lieben. Später bekamen sie auch noch ein zweites Kind.

Zu Mannoias moralischem und emotionalem Konflikt gesellte sich eine einfache Überlegung: »Man hat meinen Bruder getötet. Er war mein Augapfel. Den Chef der Familie von Ciaculli, Vincenzo Puccio, der die Palermer zum Kampf gegen die Corleonesen zu Hilfe gerufen hatte, haben sie im Gefängnis umgebracht. Es liegt auf der Hand, daß ich der nächste bin. Wenn ich mit Rita ein neues Leben anfangen will, muß ich reden.«

Mannoia hat sich also lieber für das Leben entschieden. Nicht weil er Angst vor dem Tod gehabt hätte. Nein, er kannte Ängste dieser Art nicht. Er hat lediglich von einem bestimmten Zeitpunkt seines Lebens an die Werte der Liebe den traditionellen Werten der Familie, die sich mit den Werten der Mafia decken, vorgezogen. Er hat sich für das entschieden, was lebendig ist und Freude bringt: der Schutz seiner Lebensgefährtin und seiner Kinder.

Ich glaube, sein Weg ist bezeichnend. An ihm wird erkennbar, welche wesentliche Rolle Frauen bei den Mafiosi spielen, die die Mafia ablehnen. Die Protokolle der von der Polizei abgehörten Telefongespräche verraten viel über die Beziehung zwischen Mann und Frau. Zunächst über die abgöttische Liebe zu ihren Kindern, die unsägliche Wärme der familiären Bindungen, alles Dinge, die bei so unerbittlichen und an den Gebrauch der Waffe gewöhnten Menschen überraschen. Dann das unwahrscheinliche Feingefühl zwischen den Eheleuten und die erstaunliche Diskretion in den Gesprächen: Nie habe ich feststellen können, daß eine Frau eine peinliche oder bohrende Frage gestellt hätte. Natürlich kommentierten sie dieses oder jenes Ereignis, zum Beispiel den Maxi-Prozeß. Nie aber sagten sie etwas, das als Indiz oder Schuldbekenntnis verstanden werden könnte.

Die Frau Calderones ist in dieser Beziehung die perfekte »Frau eines Ehrenmannes«: zärtlich, diskret, sparsam, sagt nie ein Wort zuviel und ist grenzenlos ergeben.

Calderone wurde in Nizza verhaftet. Sie rief mich von dort aus an, sie, die Sizilianerin, Tochter und Frau eines Mafioso: »Kommen Sie, und vernehmen Sie meinen Mann. Er hat Ihnen viel zu sagen.« Sie waren zusammen alle Einzelheiten seiner Zusammenarbeit mit der Justiz genauestens durchgegangen.

Auch die Frau Buscettas, Cristina Guimarães, die weder Sizilianerin ist noch aus der Mafia stammt, sondern Brasilianerin ist, hat ihrem Mann in seiner inneren Zerrissenheit bemerkenswert beigestanden. Sie nahm sich alle Zeit der Welt, um ihn zu überzeugen. Sie wich nicht einen Moment von seiner Seite. Der ganz und gar glaubwürdige Selbstmordversuch Buscettas war eine Geste aus Liebe zu ihr: Er wollte endlich aufhören, ihr ständig Probleme zu bereiten und ihr das Leben unmöglich zu machen.

Ich schließe daraus, daß die Frauen, die in der Vergangenheit höchst selten eine maßgebliche Rolle im Leben der Mafiosi gespielt haben, zumal der Mafiosi mit der matriarchalischen Familienstruktur, in der die Frau zwar nie informiert wurde, aber alles wußte und schwieg, zufrieden waren, jetzt auf einmal eine entscheidende Rolle zu spielen beginnen. Sie gewinnen an Einfluß und Selbstbewußtsein, symbolisieren all das Lebendige, Fröhliche und Schöne im Leben und stehen im krassen Gegensatz zu der finsteren, tragischen, verschlossenen Welt der Cosa Nostra, in der man ständig auf der Hut zu sein hat.

Es gibt jedoch immer noch — aber immer seltener — Frauen, die sich diese Lebenskultur noch nicht zu eigen gemacht haben. Ich denke an die Frau von Vincenzo Buffa, der begonnen hatte, mit mir zusammenzuarbeiten. Ich beging den großen Fehler, ihn mit seiner Frau sprechen zu lassen. Er hatte mich inständig darum gebeten. Es gelang ihr tatsächlich, ihn davon zu überzeugen, seine Aussagen zu revidieren und zu widerrufen. Im Verhandlungssaal während des Maxi-Prozesses löste sie sogar eine Art Frauenaufstand aus. Sie heulten, schrien und verlangten die Herausgabe Buffas, der die *omertà* hatte brechen wollen.

Die Kultur des Todes ist kein ausschließliches Phänomen der Mafia. Ganz Sizilien ist davon geprägt. Allerseelen ist bei uns ein großes, fröhliches Fest: Man schenkt sich die sogenannten Totenköpfe, ein Gebäck aus steinhartem Zucker. Die Themen unserer Literatur von Pirandello bis Sciascia sind Einsamkeit, Pessimismus und Tod. Als wären wir ein Volk, das zuviel erlebt hat, zuviel gesehen hat und plötzlich müde, erschöpft, ausgelaugt ist — wie Don Fabrizio in Tomasi di Lampedusas Roman *Der Leopard*. Zwischen Sizilien und der Mafia gibt es zahllose Affinitäten. Ich bin sicher nicht der erste, der dies feststellt. Und ich bin weit davon entfernt, ein ganzes Volk als Verbrecher abzustempeln. Ich will damit lediglich verdeutlichen, daß der Kampf gegen die Cosa Nostra komplex ist und, neben soliden Fachkenntnissen im Bereich des organisierten Verbrechens, sehr gute Kultur- und Menschenkenntnis voraussetzt.

Aber zurück zu den Affinitäten, dem Fatalismus, dem allgegenwärtigen Bewußtsein des Todes und zu vielen anderen individuellen und sozialen Verhaltensweisen. Zum Beispiel die Reserviertheit, das Verbergen von Gefühlen und Gefühlsregungen. In Sizilien ist es absolut unangebracht, seine Gefühle und Empfindungen in der Öffentlichkeit zu zeigen. Dieses Volk ist meilenweit von den südländischen Gefühlsausbrüchen entfernt. Gefühle gehören zur Privatsphäre, und es besteht nicht der geringste Grund, daß sie diese verlassen. Man kann an einem Übermaß an Erregbarkeit sterben. Ich spüre selbst, wie stark ich von dieser Mentalität geprägt bin. Manche schrieben sogar, ich sei »kalt wie eine Schlange« . . .

Die naturgegebene Reserviertheit der Sizilianer führt dazu, wie ich bereits sagte, daß sie sich nicht in die *fatti altrui*, die Angelegenheiten der anderen, einmischen, was zugleich gut und schlecht ist. Tatsache ist, daß es im allgemeinen nur Ärger einbringt, wenn man sich in Dinge einmischt und einschaltet, die einen nichts angehen.

Im August 1984 verhörte ich Tommaso Buscetta in einem erdrückenden, zum Ersticken heißen Raum in der Polizeipräfektur Roms. Wir starben förmlich vor Hitze. Aus den darunter gelegenen Wohnungen der Polizeibeamten drangen die schiefen Töne der auf volle Lautstärke gedrehten Radios zu uns herauf. Es war unerträglich. Ich rief einen der Wachposten hinter der Tür und schilderte ihm das Problem. Er antwortete, daß er versuchen werde, seine Kollegen zu überreden, den Ton leiser zu drehen. Ich konnte keine Änderung feststellen. Da stand Buscetta auf und schloß das Fenster. Ich fragte ihn, warum er das mache. Er antwortete: »Warum? Weil Sie, Herr Richter, wenn die Beamten weiterhin so viel Lärm machen, energischer durchgreifen müßten, eventuell sogar jemanden bestrafen müßten. Wenn ich das Fenster schließe, hören wir den Lärm nicht mehr, und Sie müssen nicht eingreifen.« Das ist eine typisch mafiose und siziliani-

sche Denkweise: sich nicht in die Position zu manövrieren, seine Macht und seine Stärke beweisen zu müssen.
Ein anderer typisch sizilianischer Brauch ist das Schenken. Unglaublich, wie viele Geschenke in Sizilien gemacht werden. Ein Geschenk ist nämlich ein sichtbares Zeichen des Respekts. Je mehr Geschenke man erhält, desto sicherer ist man, daß man eine wichtige, bewunderte und geachtete Persönlichkeit ist.
Mannoia pflegte zu sagen: »Im Drogengeschäft zu arbeiten ist ein einträgliches Geschäft. Warum sollte ich, der ich mit der Verarbeitung von Basismorphin Milliarden verdiene, nicht mal fünfzig Millionen für ein Geschenk an den Chef meiner Familie übrig haben?« Das Geschenk gehört zu den gewöhnlichen Mitteln, jemandem gegenüber seine Wertschätzung zum Ausdruck zu bringen. Wenn sich ein Ehrenmann von Santa Maria di Gesù in Ciaculli auf dem Territorium der Grecos ein Haus kaufen möchte, dann gehört es nicht allein zum guten Ton, den Chef dieser Familie um Erlaubnis zu bitten, sondern man überreicht ihm überdies auch ein seiner Funktion angemessenes Geschenk. Oder wenn Giuseppe Calderone aus der Familie von Catania als Beschützer des Bauunternehmens Costanzo die lokalen *capomafia* empfängt, auf deren Territorium die Costanzos bauen sollen, wird mit ihnen genau besprochen, welche »Geschenke« der örtlichen Cosa Nostra zu machen sind.
Geschenke kann man aber auch denen machen, die in der sozialen Hierarchie unter einem stehen. Man kann zum Beispiel den Mitgliedern des »Führungskaders« der *Organisation*, die einem unterstehen, einen Mercedes oder eine Rolex-Uhr schenken. Man kann sich auch der Familie irgendeines Inhaftierten gegenüber großzügig erweisen und Geld auf sein Sparkonto überweisen.
Hinter der Freigebigkeit eines Geschenks stehen allerdings auch strikte Wirtschafts- und Machtverhältnisse. Wenn je-

mand Anwalt ist und sich bereit erklärt, mich in einem bestimmten Prozeß zu vertreten, sich aber nicht bezahlen lassen will, sondern sagt: »Schenk mir einfach etwas«, dann heißt das, daß ich ihm nicht nur Geschenke machen werde, sondern ihm auch bis zum Ende meiner Tage verpflichtet sein werde. In jedem Fall ein Mittel, sich dauerhafte Freunde zu beschaffen, in und außerhalb der Mafia.

Die Bedeutung dieser »Promiskuität« zwischen der Mafia und der übrigen sizilianischen Gesellschaft ist nicht immer leicht nachzuvollziehen. Palermo ist dafür typisch. Ich habe bis zu meinem fünfundzwanzigsten Lebensjahr in Palermo gelebt. Die Stadt war mir bestens vertraut, eine Welt für sich, die, solange ich sie gut kannte, überhaupt kein Problem für mich darstellte. Ich lebte im historischen Zentrum an der Piazza Magione in einem Haus, das uns gehörte. In der Nachbarschaft befanden sich sogenannte *catoi*, eine Art feuchte Keller, in denen Proletarier und allerärmste Proletarier lebten. Sonntags hätte man sie sehen müssen, wenn sie aus ihren Löchern hervorkrochen, schön, sauber, elegant, die Haare pomadeglänzend, die Schuhe auf Hochglanz poliert, mit stolzem Blick.

Dann lebte ich dreizehn Jahre woanders. Als ich 1978 zurückkehrte, hatte sich das Gesicht der Stadt verändert. In der Altstadt war fast niemand mehr. In Palermo Liberty (ein Stadtviertel Palermos, das um die Jahrhundertwende entstanden war) waren viele wunderschöne Häuser dem Bau riesiger *palazzi* zum Opfer gefallen. Ich fand also eine Stadt vor, die häßlicher, gewöhnlicher geworden war und die zum Teil ihre Identität verloren hatte. Ich bezog eine Wohnung in der Via Notarbartolo, einer Straße, die hinunter zur Via della Libertà, dem Herz Palermos, führt. Das erste, was der Hausverwalter tat, war, mir ein offizielles Schreiben zu schicken mit dem Inhalt: »Die Verwaltung haftet nicht für eventuelle Schäden an den gemeinsamen Gebäudeteilen ...« Und eines

Tages, als ich — leider — mit allen nur vorstellbaren Sirenen, Polizeiautos und Revolvern zu Hause vorfuhr, hörte ich kurz einen Passanten vor sich hin brummeln: »Wer sich so schützen lassen muß, wird einigen Schaden angerichtet haben!«
Aber ich komme ein wenig vom Thema ab. Ich wollte eigentlich von Palermo reden, um diese außergewöhnliche wirtschaftliche, ideologische und moralische Verflechtung von Mafia und Nichtmafia anzusprechen; und diese erzwungene Grenzgemeinschaft zwischen sizilianischen und mafiosen Werten, zwischen Mitgliedern der *Organisation* und einfachen Bürgern.
Ich erinnere mich an ein junges Mädchen aus meiner Klasse. Wir waren beide vierzehn Jahre alt. Alle Jungen umschwärmten dieses Mädchen. Ich auch. Aber ich hatte kein Glück bei ihr. Ich sah sie wieder, als wir vierzig waren: Ihr Mann wurde mit einem Dutzend Kilo Heroin verhaftet. So ist das Leben. Natürlich habe ich abgelehnt, mich um die Ermittlungen zu kümmern. Dies nur, um zu sagen, daß die Vermischung der gesunden Gesellschaft und der mafiosen Gesellschaft in Palermo nicht zu leugnen ist und daß die Infiltration durch die Mafia zum alltäglichen Straßenbild gehört.
In meiner Klasse am Umberto-Gymnasium war auch Frank La Parola, der 1984 von der Cosa Nostra ermordet wurde. Er besaß ein Bauunternehmen und war mit dem Verliererfeld des Mafiakrieges verbunden, weshalb er getötet wurde. Außerdem spielte ich Tischtennis mit einer Persönlichkeit, die später vom Gericht in Florenz zu dreißig Jahren Haft verurteilt wurde: Tommaso Spadaro. Ich hatte ihn in einer katholischen Stadtviertelgemeinde kennengelernt, wo mich meine Eltern hinschickten und wo jeder jedem begegnete. Ich sah Spadaro 1980 nach seiner Verhaftung wieder. Ich blickte ihn an und bemerkte einen kleinen Funken in seinen Augen. Er hatte mich wiedererkannt. Ich begann mit der Vernehmung, er beantwortete meine Fragen. Nach Abschluß des Verhörs

sagte ich zu ihm: »Wir haben früher zusammen Tischtennis gespielt.« Sein Gesicht erhellte sich: »Ich hab's Ihnen damals ganz schön gezeigt!«
Die Verflechtung ist das, was am schwierigsten zu bekämpfen ist. Besonders wenn Interesse und Macht sich verbinden.
Ich denke an die reichen Unternehmer Costanzo aus Catania, wie sie von Antonino Calderone beschrieben wurden. Antonino und sein Bruder Giuseppe sorgten für die Sicherheit des Unternehmens und dessen Führung. Sicher haben die großen Gesellschaften häufig einen etwas zweifelhaften Sicherheitsdienst, ob in Mailand, in Frankfurt oder sogar in den Vereinigten Staaten, wo man ehemalige FBI-Agenten an der Seite von Exhäftlingen findet. In Catania hatten die Costanzos, wie gesagt, die Calderones für ihren Schutz »ausgewählt«. Dies ist an sich, ganz allgemein betrachtet, kein Verbrechen. Aber wenn man überlegt, was das in der Praxis bedeutet, kann dieser Schutz eine ganz andere Färbung annehmen.
Diese großen Unternehmer überwiesen einen *pizzo*, einen Prozentsatz, an die Mafia in Catania und erhielten als Gegenleistung dafür den Schutz ihrer Baustellen. Ist das unbedenklich? Nicht immer. Denn ein Unternehmer weiß ganz genau, daß das Recht zur Ausübung von Gewalt einzig und allein in den Händen des Staates liegt und daß er, wenn er den Mafiosi die Ausübung der Gewalt überträgt, ihnen ein Recht zuspricht, das sie nicht haben. Er weiß, was das beinhaltet: Wenn jemand auf seiner Baustelle oder in seinem Büro vorstellig wird, um seinerseits Schutzgeld zu verlangen, werden ihn die Mafiosi einschüchtern, Gewalt anwenden und möglicherweise sogar töten.
Man kann sich also nicht bequem zurücklehnen und sagen, die Costanzos — und mit ihnen auch andere —, die in diesem sizilianischen Umfeld leben, hätten nicht anders handeln können. Es reicht auch nicht zu sagen, die Costanzos hätten, da

sie allem Anschein nach selbst ja keine Mitglieder der Cosa Nostra waren, nichts Illegales getan. Vor allem, da mit der Aufgabe, die Giuseppe Calderone und seinen Freunden anvertraut wurde, eine ganze Reihe anderer wichtiger Punkte verbunden waren. So kam es, immer noch nach den Aussagen Antonino Calderones, daß die Costanzos in der Nähe von Catania ein Jagdrevier gekauft hatten, das allen voran für die Mitglieder der Cosa Nostra als Dank für ihren wirksamen Schutz gedacht war. Und so kam es auch, daß sie ihre Büroräume der Mafia für Versammlungen zur Verfügung stellten. Und schließlich wußten sie auch über eine ganz wesentliche Komponente ihres Schutzes Bescheid: Wenn sie eine Ausschreibung von Trapani oder Palermo, also von außerhalb ihres natürlichen Einzugsbereichs, erhielten, dann nur, weil Giuseppe Calderone, ihr Beschützer, vorab in den besagten Städten sondiert hatte, Verträge mit der örtlichen Cosa Nostra abgeschlossen hatte und aufgrund dieser Verträge die Baustellen ohne Schwierigkeiten eingerichtet werden konnten. Kurz und gut, die Costanzos konnten nicht leugnen zu wissen, daß ihre Ruhe auf der Überweisung von Schutzgeldern und dem Gebrauch von Einschüchterungs- und Erpressungsmethoden beruhte.
Wie ging das konkret vor sich? Wie ging Giuseppe Calderone vor? Als Chef der Mafia von Catania besuchte er zunächst seine Amtskollegen in Palermo oder Trapani und begann lange Verhandlungen: »Legen wir unter uns die Summen fest, die die Costanzos zu zahlen haben.« Sobald die Summe festgelegt und das Schutzgeld überwiesen worden war, garantierten die Chefs von Trapani und Palermo dafür, daß niemand Hand an die Baustellen der Costanzos anlegen würde. Das gleiche Verfahren gilt für alle Unternehmen, die ihren ursprünglichen Einzugsbereich (in dem sie unter dem Schutz des örtlichen *capomafia* stehen) verlassen, um auf fremdem Territorium zu arbeiten, auf dem sie vor den Über-

griffen und den Gelüsten anderer geschützt werden müssen. Hin und wieder kommt es offensichtlich vor, daß Leute umgebracht werden, um die Einhaltung des Vertrages zu gewährleisten. In solchen Fällen kann die Verflechtung zum Verbrechen werden.

Giuseppe Calderone berichtete seinem Bruder Antonino folgendes (ich zitiere aus dem Gedächtnis, der genaue Wortlaut ist schwarz auf weiß in den Protokollen seiner Vernehmung festgehalten): Pasquale Costanzo, sagt Gino, hätte alle Qualitäten, zumindest alle Eigenschaften eines Ehrenmannes gehabt. Aber es wäre kein schönes Geschenk gewesen, wenn man ihn in die Familie von Catania aufgenommen hätte. Als Mitglied der Cosa Nostra wären die Ehrenmänner bei ihm Schlange gestanden, um mit vollem Recht kleine Hilfen oder die eine oder andere Gunst von ihm und seinem Unternehmen zu verlangen. Und sobald er sich veranlaßt gesehen hätte, diese zu verweigern, hätte man ihn aus der Familie ausstoßen müssen.

Giuseppe Calderone fügte noch hinzu, daß es ihm gelungen sei, innerhalb der Cosa Nostra die Entführung von Personen — eine Praxis, die die Corleonesen in Sizilien immer stärker ausweiten wollten — zu untersagen. Er verfügte nämlich nicht über genügend militärische Kräfte, um den hundertprozentigen Schutz der Costanzos zu gewährleisten, von denen eines der Kinder hätte entführt werden können. Somit ließ Calderone zum Schutze seiner Arbeitgeber vor der Gefahr einer Entführung mit Lösegeldforderung im Jahr 1974 dieses erste regionale Gesetz der Cosa Nostra mit Hilfe und Unterstützung der Palermer, die solche Methoden ebenfalls ablehnten, beschließen.

Ich verstehe daher sehr gut, daß man ganz allgemein behaupten kann: »Die Verbindungen zwischen Unternehmensführern und Mafiosi sind schwer aufzuschlüsseln, weil es am Ende kompliziert ist festzustellen, wer das Opfer und wer der

Henker in dieser Art von Beziehung ist.« Ich verstehe das. Aber gerade deshalb muß man jeden Fall als Einzelfall behandeln und sich vor der Behauptung hüten, daß das Entrichten eines Schutzgeldes eine harmlose Angelegenheit sei: Es beinhaltet — wohlwollend ausgelegt — automatisch, daß man die Autorität der Mafia anerkennt.

Um es noch einmal zu sagen, die Mafia ist kein Krebsgeschwür, das durch Zufall auf einem gesunden Körper zu wachsen begonnen hat. Sie lebt in vollkommener Symbiose auf dem Nährboden der Massen von Protektoren, Komplizen, Informanten, Schuldnern aller Art, großen und kleinen Erpressern, von Eingeschüchterten oder Geprellten, die in allen Schichten der Gesellschaft zu finden sind. Das ist der Humus der Cosa Nostra mit all ihren direkten oder indirekten, bewußten oder unbewußten, gewollten oder aufgezwungenen Auswirkungen, die die Zustimmung der Bevölkerung schon *a posteriori* erhalten können und auch sehr oft bekommen.

Als gegen Ende der siebziger Jahre Stefano Bontate den Befehl zur Eliminierung aller Diebe in seinem Viertel gab, tat er etwas für die öffentliche Ordnung. Damit verschaffte er sich bei der Bevölkerung einen gewissen Kredit. Als lange vor ihm die Mafiosi vom Lande die alten Latifundisten (Besitzer riesiger Ländereien) durch *campieri* (bezahlte Bewacher, die auf ihrem Boden arbeiteten) ersetzten, hatte die Bevölkerung die Beseitigung dieser unproduktiven Schmarotzerklasse sehr begrüßt.

Davon abgesehen ist die Mafia kein gemeinnütziger Dienstleistungsbetrieb, sondern eine Gesellschaft zur gegenseitigen Unterstützung, die ihre Tätigkeit — auf Kosten der Gesellschaft — ausschließlich zugunsten ihrer Mitglieder ausübt. Sie erscheint also als das, was sie ist: eine der größten Mystifizierungen der Geschichte des Mezzogiorno, um den Ausdruck des britischen Historikers Dennis Mack Smith zu verwenden. Nicht als die aus dem Rahmen fallende Frucht der wirtschaftlichen Entwicklung, sondern als verzerrtes Produkt ebendieser Entwicklung, als Ausdruck der Macht und zugleich als Antithese zum vorherrschenden Staat. Und vor allen Dingen als Alibi.

4. Cosa Nostra

Man kann lächeln, wenn ein Krimineller mit versteinertem Gesichtsausdruck und einigen Verbrechen auf dem Gewissen ein frommes Bild in die Hand nimmt und den feierlichen Schwur ablegt, er wolle für die Schwachen kämpfen und niemals die Frau eines anderen begehren. Man kann darüber lächeln wie über eine archaische Zeremonie oder über eine Täuschung. Es handelt sich jedoch um eine sehr ernste Angelegenheit, die einen für das ganze Leben bindet. Der Beitritt in die Mafia ähnelt einem Religionsbeitritt: Ein Priester hört nie auf, Priester zu sein. Ein Mafioso ist immer ein Mafioso.
Wenn der Zeitpunkt der Initiation gekommen ist, werden die Kandidaten oder der Kandidat in ein Zimmer an einem entlegenen Ort geführt, wo der Vertreter der Familie und alle, die in der Familie Ämter bekleiden, sowie eventuell einfache Ehrenmänner bereits warten. Häufig stehen die Ehrenmänner in einer Reihe auf der einen Seite des Raumes und die Kandidaten ihnen gegenüber. Manchmal läßt man die Kandidaten erst Stunden in einem abgeschlossenen Raum warten, bevor man sie einzeln herausholt. Dann erklärt der Vertreter der Familie den künftigen Ehrenmännern die Regeln, die in der *Organisation* gelten, und bekräftigt, daß das, was man gemeinhin als Mafia bezeichnet, in Wirklichkeit Cosa Nostra heißt. Anschließend weist er die Neuen darauf hin, daß sie ihren Antrag immer noch zurückziehen können, und erläutert ihnen die Pflichten, die mit der Mitgliedschaft in der *Organisation* verbunden sind: niemals die Frau eines anderen Ehrenmannes anrühren, nicht stehlen, keine Prostitution betrei-

ben, keine anderen Ehrenmänner töten, Anzeigen bei der Polizei vermeiden, nicht mit anderen Ehrenmännern streiten, sich stets korrekt und seriös verhalten, kein einziges Wort mit Fremden über die Cosa Nostra reden und möglichst nicht allein anderen Ehrenmännern gegenübertreten (üblich ist, daß ein Ehrenmann die Teilnehmer eines Treffens bereits kennt und ihre Zugehörigkeit zur Cosa Nostra bestätigen kann, indem er sagt: »Dieser Mann ist die gleiche Sache wie wir.«)
Nach der Erläuterung der Gebote und nachdem der Kandidat seinen Willen, Mitglied der *Organisation* zu werden, nochmals bekräftigt hat, ruft der Vertreter der Familie jeden Kandidaten auf, sich einen Paten unter den anwesenden Ehrenmännern auszusuchen. Dann erfolgt die Zeremonie des Schwurs. Der Kandidat wird gefragt, mit welcher Hand er schieße, dann wird ihm in den Zeigefinger gestochen und mit dem Blut ein Heiligenbild beschmiert (meistens eine Mariä-Verkündigungs-Madonna, die zur Schutzpatronin der Cosa Nostra ernannt wurde und am 25. März gefeiert wird). Dann wird das Bild angezündet, und der nun Eingeweihte schwört feierlich, während er das Bild von einer Hand in die andere wechselt, ohne dabei das Feuer zu löschen, die Regeln der Cosa Nostra niemals zu verraten, selbst wenn er wie dieses Bild verbrenne.
In dem Augenblick, in dem ihm in den Zeigefinger gestochen wird, schärft ihm der Vertreter der Familie nochmals mit Nachdruck ein, sich vor Verrat in acht zu nehmen, denn man tritt durch das Blut in die Cosa Nostra ein, und nur durch das Blut tritt man wieder aus. Interessantes Detail am Rande: In einigen Familien benutzt man einen Stachel der Pomeranze, in anderen immer dieselbe Nadel (so besaß in der Familie von Riesi der Vertreter der Familie eine Nadel aus Gold, die ausschließlich für diesen Zweck vorgesehen war), und in wieder anderen Familien ist jede Nadel gut genug.
Nun zeigt der Vertreter der Familie dem neuen Ehrenmann

die Hierarchien der Familie, der Provinz und der Cosa Nostra im allgemeinen auf. Er weist ihn besonders auf den *capo decina* hin, der — wie sein Name schon andeutet — um die zehn (oder mehr) Ehrenmänner anführt und an den sich der Eingeweihte künftig zu wenden hat. Es kommt allerdings auch vor — besonders in der Region von Palermo —, daß bestimmte Ehrenmänner dem Oberhaupt direkt unterstehen und seine Vertrauensleute werden, denen er besonders delikate und höchst geheime Aufträge anvertraut.

Diese Grundregeln für den Beitritt in die *Organisation* (wie sie von den *pentiti* beschrieben werden) variieren nur geringfügig von Provinz zu Provinz. Dennoch kommt es bei besonders dringlichen Fällen vor, daß die Zeremonie etwas abgekürzt werden muß. In solchen Fällen reichen drei Ehrenmänner, auch wenn sie anderen Familien oder anderen Provinzen angehören. Nach Aussage des *pentito* Calderone wurde auf diese Weise Antonino Madonia im Gefängnis Ucciardone in Palermo in Gegenwart von drei Ehrenmännern aufgenommen und auch Nello Pernice, noch dazu mit einem erstklassigen Paten: Luciano Leggio höchstpersönlich.

Die Cosa Nostra nimmt nicht jeden auf. Die Universität des Verbrechens fordert zunächst Tapferkeit, die Fähigkeit, Gewaltakte auszuführen, somit auch zu töten. Das sind jedoch nicht die wichtigsten Voraussetzungen. Töten zu können ist eine notwendige Fähigkeit, aber noch nicht ausreichend. Eine ganze Reihe anderer Bedingungen müssen erfüllt sein. Wenn man bereits dem Mafiamilieu angehört, zum Beispiel Verwandte hat, die Ehrenmänner sind, kann das den Einstieg erleichtern. Zu den erforderlichen Qualifikationen gehören, soweit sich der *pentito* Salvatore Contorno erinnert, männlichen Geschlechts zu sein und keine Verwandten bei der Justiz oder der Polizei zu haben . . .

Die schwerste Beleidigung, die man einem Ehrenmann an den Kopf werfen kann, ist, ihn *sbirro*, Häscher, oder *infame*, ehrlos, zu nennen. In diesem Zusammenhang erinnere ich mich an einen Prozeß in Trapani gegen einen gewissen Mariano Licari im Jahr 1967, ganz am Anfang meiner Laufbahn. Während des Prozesses brach ein Streit zwischen Licari und einem anderen Angeklagten aus, und die beiden beschimpften sich: »Du bist ein *sbirro*!« Worauf der andere antwortete: »Wenn ich ein Häscher bin, bist du ein berittener Carabinieri.« Da begriff ich, welch tiefverwurzelten Haß die Mafiosi gegen die Vertreter des Staates hegen.

Tommaso Buscetta fügte zu seiner Aussage hinzu, daß es ein weiteres zwar ungeschriebenes, deshalb aber keineswegs weniger wichtiges Gesetz der Mafia gebe, nämlich, daß die Entscheidungen der Kommission um jeden Preis ausgeführt werden müssen und daß der Chef der Familie unbedingt informiert sein muß, wenn auf seinem Territorium ein Verbrechen stattfinden soll. Abschließend stellte er ironisch fest: »Niemand wird je eine Mitgliederliste der Cosa Nostra oder Belege über die Beitragszahlungen finden. Das heißt aber noch lange nicht, daß die Regeln der *Organisation* nicht streng und weltweit anerkannt sind.«

Die Basiszelle der Cosa Nostra ist die Familie mit ihren traditionellen Werten: Ehre, Achtung der Blutsverwandtschaft, Treue, Freundschaft ... Eine Familie kann bis zu zwei-, dreihundert Personen umfassen. Der Durchschnitt liegt bei fünfzig. Jede Familie kontrolliert ein kleines Territorium, auf dem nichts ohne die vorherige Einwilligung des Chefs der Familie geschieht. Auf der untersten Stufe stehen die Ehrenmänner oder Soldaten, die in der Familie eine ganz besondere Gewichtung haben, unabhängig von der Aufgabe, die sie dort erfüllen. Legendäre Persönlichkeiten wie Don Calò Vizzini oder Giuseppe Genco Russo waren trotz ihres Einflusses und ihres Ansehens ihr Leben lang Soldaten. Auch Tommaso Buscetta.

Die Soldaten wählen ihren Chef, auch Vertreter genannt, der

die Interessen der Familie vor der Cosa Nostra vertritt. Im Vorfeld dieser manchmal geheimen demokratischen Wahlen finden Sondierungen und Gespräche statt, so daß häufig derjenige einstimmig gewählt wird, von dem alle erwartet hatten, daß er es werden würde. Sobald das Wahlergebnis feststeht, ernennt der neue Chef seinen Stellvertreter und manchmal einen oder mehrere Berater. Zwischen Chef und Soldat steht der *capo decina*, der Chef von Zehnen.
Daran kann man ermessen, wie stark hierarchisch die Mafia aufgebaut ist. Die nächste Stufe der Hierarchie ist die Provinz: Die Chefs der verschiedenen Familien einer sizilianischen Provinz (Catania, Agrigent etc.) wählen den Chef der Provinz, der auch Vertreter der Provinz genannt wird. Dies gilt für alle Provinzen mit Ausnahme Palermos, wo die Chefs der benachbarten Familien eines Territoriums — in der Regel jeweils drei Familien — von einem *capo mandamento*, einer Art Stadtviertelchef, kontrolliert werden, der wiederum Mitglied in der berühmten Provinzkommission oder Kuppel ist. Diese wiederum ernennt einen Vertreter für die Regionalkommission, die sich aus allen Provinzverantwortlichen der Cosa Nostra zusammensetzt: Das ist das eigentliche Regierungsorgan der *Organisation*. Die Ehrenmänner nennen sie, in Anspielung auf die staatliche Verwaltungseinheit, auch die Region.
Die Region erläßt Dekrete, beschließt Gesetze (unter anderem das Gesetz, das die Personenentführung in Sizilien verbietet) und entscheidet über alle Konflikte zwischen den Provinzen. Sie ist es auch, die die großen strategischen Entscheidungen trifft.
Um die Cosa Nostra kreisen einige nichtmafiose Gruppierungen — so zum Beispiel beim Zigarettenhandel, lange vor dem Drogenhandel —, die häufig von einem oder mehreren Ehrenmännern koordiniert werden, auch wenn sie sich nicht mit der Mafia identifizieren. Die Mafia war es auch, die immer wieder in das neapolitanische Milieu eingriff, um die vielen in-

ternen Konflikte beizulegen, und sei es nur, um die Leitung der Geschäfte zu übernehmen und entsprechenden Profit daraus zu ziehen. Jedenfalls lief es so in den siebziger Jahren. Die Mafia organisierte damals sogar die Entladung der bis zum Rand mit Zigaretten beladenen Schiffe. Damals durfte immer nur ein Boot mit 40 000 bis 50 000 Stangen Zigaretten in den Golf von Neapel. Die ganze Ladung gehörte mal der Kommission, mal der Palermer Gruppe von Tommaso Spadaro, mal den Neapolitanern von Michele Zaza. Dieser präzise Verteilungsschlüssel, den die Cosa Nostra festgelegt hatte, wurde von allen eingehalten.
Das heißt, daß die *Organisation* bereits alle Karten in der Hand hielt, um die Kontrolle über den Rauschgifthandel mit den USA voll zu übernehmen. Einige Gruppen spezialisierten sich auf die Beschaffung des Basismorphins aus dem Nahen oder Fernen Osten. Andere kümmerten sich ausschließlich um die Umwandlung dieses Morphins in Heroin, und wieder andere widmeten sich dem Export in die USA, wo die Mafia bereits über solide Brückenköpfe verfügte. All diese Gruppen wurden von Ehrenmännern geleitet.

Nun habe ich viel über die Cosa Nostra gesagt, das Problem der Definition des Begriffs Cosa Nostra jedoch noch nicht direkt angesprochen. An dieser Stelle muß daher ein wenig auf die Geschichte eingegangen werden. Das Phänomen Mafia ist seit langem bekannt. Die ältesten schriftlichen Zeugnisse haben dabei nicht weniger Gültigkeit als die jüngeren. Die Ermittlungskommission Franchetti-Sonnino stellt bereits 1875/76 fest, daß die Mafia keine Statuten besitzt, keine öffentlichen Versammlungen abhält und keine öffentlich anerkannten Chefs hat, dafür aber die mächtigsten und gewandtesten; daß sie jede Art von Verbrechen beeinflußt und derart prägt, daß die sizilianische Kriminalität von jeder anderen leicht zu unterscheiden ist.

Vor allen Dingen aber betonen Franchetti und Sonnino, zwei ehrenhafte Parlamentarier, daß das Interesse des Staates, die Mafia zu bekämpfen, sporadisch, schwankend und unentschlossen ist. Ihre Diagnose sollte sich im Laufe der Zeit bestätigen: ein ernsthafter Versuch, der des Präfekten Mori, die Mafia zu verfolgen, dann kehrt der Staat wieder zurück zu den beruhigenden Erklärungen der Richter anläßlich der Wiederaufnahme der Gerichtstätigkeit nach den Ferien.

Wir bleiben in den Nachkriegsjahren. 1956 erklärt der Generalstaatsanwalt von Palermo, daß die mafiose Kriminalität praktisch verschwunden sei. 1957 erklärt er, daß die Verbrechen Folge der Auseinandersetzungen zwischen rivalisierenden Verbrecherbanden seien. 1967 bekräftigt er, daß die Mafiakriminalität langsam aber sicher aussterbe. 1968 empfiehlt er, daß die Mafiosi aus ihrem natürlichen Milieu herausgezogen werden müßten, da sie außerhalb Siziliens unschädlich wären...

Dies nur, um zu zeigen, wie sehr das Problem Mafia durch die ganze Geschichte hindurch und selbst noch in der allerjüngsten Geschichte unterschätzt wurde. Ich glaube, daß die heutige Gefährlichkeit der Cosa Nostra zum Teil Ergebnis dieser Unterschätzung und der Ignoranz des Problems ist.

Die charakteristischen Eigenschaften der Mafia sind die Geschwindigkeit, mit der sie althergebrachte Werte den Anforderungen der Zeit anzupassen vermag, die Fähigkeit, die Gesellschaft zu unterwandern, die Anwendung von Einschüchterungsmethoden und Gewalt, die Zahl und das kriminelle Profil ihrer Anhänger und schließlich die Eigenschaft, immer anders und immer gleich zu sein.

Der Mythos von der angeblich neuen Mafia muß zerstört werden, beziehungsweise wir müssen uns klarwerden, daß es immer eine neue Mafia geben wird, die die alte ablöst. Bereits Ende der fünfziger Jahre sprach man von den »vorurteilsfreien Mafiosi«, die die ehrwürdige und alte ländliche Mafia zu einer zutiefst in die Immobilienspekulationen verwickelten, bösartigen Organisation umgewandelt hätten. Man sprach damals von Tommaso Buscetta, ja ihm, als dem Mafioso des neuen Stils, ohne Werte und ohne Moral: ausgerechnet Tommaso Buscetta, den man heute immer im Zusammenhang mit dem Begriff des Ehrenmannes der alten Garde nennt!

In Wirklichkeit spricht man immer dann von einer neuen Mafia, wenn die Cosa Nostra sich auf einträglichere Geschäfte besinnt und die soziale Gefahr, die sie darstellt, größer wird. Ein Urteil des Kassationshofes aus dem Jahr 1977 behauptet schlicht, die alte Mafia sei keine kriminelle Vereinigung, die neue hingegen schon: eine weitere Bestätigung für das Unverständnis des Phänomens Mafia von seiten einer Institution. Ich habe selbst Kollegen getroffen — das war 1979 —, die mich fragten: »Und du glaubst wirklich, daß die Mafia existiert?« Andere sprachen vom »plötzlichen Aufkeimen«.

Man versucht, sich in den Kreisen der Justiz und der Polizei einzureden, die herrschende Machtlosigkeit des Staates beruhe auf der Entwicklung hin zu einer grausameren Mafia. Aber ich möchte noch einmal betonen: Die alte, ehrwürdige Mafia ist eine Legende. Als Beweis dafür will ich einige der augenfälligsten Gewalttaten der Nachkriegszeit anführen. 1963 gipfelt der erste Mafiakrieg in der Explosion einer mit Sprengstoff vollgeladenen Giulietta (ein Auto der Marke Alfa Romeo), bei der sieben Carabinieri ums Leben kommen. Bereits das Massaker 1969 von Viale Lazio in Palermo verdeutlicht die Grausamkeit der Cosa Nostra. 1970 stellt man fest, daß die Mafia in die Planung eines Staatsstreichs, dem sogenannten *golpe borghese,* verwickelt ist. 1971 wird der Oberstaatsanwalt von Palermo ermordet. 1974 erlebt der Tabakschmuggel seinen Höhepunkt. Die Durchorganisiertheit der Mafia zu diesem Zeitpunkt hätte die Institutionen längst alarmieren müssen. Bis 1980 hat sich die Cosa Nostra

einen gewaltigen Marktanteil am weltweiten Heroingeschäft mit den Vereinigten Staaten erobert ...
Man hat nicht begriffen oder nicht begreifen wollen, daß sich durch all diese Ereignisse hindurch nur ein und dieselbe Mafia zog. Wenn man jedoch die Polizeiprotokolle der sechziger Jahre aufmerksam liest, wird man feststellen, daß die Namen bestimmter wichtiger Persönlichkeiten, die später zu Oberhäuptern geworden sind, damals schon erwähnt wurden, und daß die Grundstruktur der *Organisation* bereits bekannt war (erwähnt sind der *capo decina* und der Vertreter).
Über das Phänomen Mafia fällt schnell ein Schleier des Schweigens: Die siebziger Jahre sind vom Terrorismus geprägt. Alle oder fast alle Richter und ein Großteil der Polizei sind mit dem Kampf gegen die Roten Brigaden und andere terroristische Organisationen beschäftigt. Wenige interessieren sich für die Mafia. Zu diesem Zeitpunkt hebt der Rauschgifthandel erst so richtig ab, und die Mafia entwickelt sich zu der Macht, die sie heute darstellt. Ein gewaltiger Irrtum wurde damals begangen, zu einem Zeitpunkt, da alle Voraussetzungen gegeben waren, um die Mafia zu begreifen und wirksam zu bekämpfen.
Zwischen 1974 und 1977 wird schließlich die Schwelle zwischen einer auf wirtschaftlichem Boden nur wenig vertretenen und einer sehr aggressiv vorstoßenden Mafia überschritten. Laut Buscetta wurde der Heroinhandel von drei Familien aus Palermo — von Porta Nuova mit Nuzio La Mattina, von Brancaccio mit Giuseppe Sàvoca und von Pagliarelli mit Antonino Rotolo — eingeführt, die die Schmugglernetze optimal zu nutzen verstanden.
In den darauffolgenden Jahren, schon allein wegen der Laschheit der Verfolgung, schießen die Mafiosi in allen Bereichen der Wirtschaft wie die Pilze in die Höhe. Man spricht von der Ausschreibungsmafia, der Unterhändlermafia, der Supermarktmafia, der Einzelhandelsmafia, der Schutzgeld-

mafia ... Gerade so, als gäbe es lauter kleine Organisationen, die Seite an Seite lebten, und nicht die Mafia als unteilbare Einheit.
Die Wahrheit sieht selbstverständlich ganz anders aus. Ein kurzer Blick auf den großen Mafiakrieg genügt, um den ganzheitlichen Charakter der Cosa Nostra zu erfassen. Der Ursprung dieses Krieges geht zurück auf den Anfang der siebziger Jahre. Damals kassierten bestimmte Familien saftige Gewinne durch den Rauschgifthandel. Zum Beispiel Gaetano Badalamenti, der zum damaligen Zeitpunkt einer der wenigen großen Bosse auf freiem Fuß war und der den Grundstein für den Handel mit den Vereinigten Staaten legte, insbesondere mit Detroit, wo er seine Brückenköpfe hatte. Der Corleonese Salvatore Riina erfuhr dies alles im Laufe eines Gespräches mit einem gewissen Domenico Coppola, der in den Vereinigten Staaten lebte und den er extra nach Sizilien hatte kommen lassen. Und schon war ein erster auslösender Faktor für den Mafiakrieg gegeben.
Hinzu kam noch ein weiterer Faktor. Nach Aussage Antonino Calderones begann in ebendiesen Jahren der *pentito* Luciano Leggio, ebenfalls Corleonese, dem es gelungen war, sich der Überwachung durch die Polizei zu entziehen, in Catania ein neues Bündnisnetz aufzubauen, das übrigens noch heute Gültigkeit hat. Gaetano Badalamenti begriff, was sich dort gegen ihn aufzubauen begann, und entschied, daß bestimmte Leute beseitigt werden mußten, allen voran ein gewisser Francesco Madonia aus der Familie von Vallelunga, mit dem Leggio sich speziell verbunden hatte. Im Januar 1978 traf Salvatore Greco, auch Cicchiteddu (kleiner Vogel) genannt, auf einer außerordentlichen Versammlung in Catania, zu der er extra aus Venezuela gekommen war, mit Gaetano Badalamenti zusammen. Obwohl Greco in Venezuela wohnte, hatte er nichts von seinem Einfluß in der Cosa Nostra eingebüßt. Badalamenti, der in Begleitung seines treuen

Freundes Santo Inzerillo gekommen war, sprach das Problem der Beseitigung Francesco Madonias an und fügte hinzu, daß Giuseppe di Cristina, Oberhaupt der Familie von Riesi, bereit war, die Sache zu erledigen.
Cicchiteddu empfahl ihnen jedoch, die Angelegenheit auf einen späteren Zeitpunkt zu verschieben, und schlug di Cristina vor, sein Amt als Familienoberhaupt niederzulegen und »sich in Venezuela auszuruhen«. Er fuhr nach Caracas zurück und starb am 7. März 1978 zwar verfrüht, aber dennoch eines natürlichen Todes.
Am 16. desselben Monats wurde Francesco Madonia von Giuseppe di Cristina und Salvatore Pillera (die zur Verstärkung di Cristinas von dem Catanier Giuseppe Calderone geschickt worden waren) getötet. Am 30. April 1978 wurde Giuseppe di Cristina ermordet, nachdem er vergeblich versucht hatte, mit den Carabinieri zusammenzuarbeiten. Am 30. September 1978 wurde Giuseppe Calderone getötet und Gaetano Badalamenti von seiner Familie ausgeschlossen. Obwohl er zum damaligen Zeitpunkt nicht gesucht wurde, zog er es vor, sich zu verstecken, zumal er fürchten mußte, seinerseits beseitigt zu werden. Zur gleichen Zeit schlief Stefano Bontate, Chef der Familie von Santa Maria di Gesù und Verbündeter Badalamentis, bis zu den Zähnen bewaffnet, mit seiner Familie in seiner Villa in Magliocco. Auch er befürchtete das Schlimmste, das jedoch erst im April 1981 eintrat, da die Corleonesen gerissen genug waren, ihre Racheakte zu verschieben.
Ich erwähne diese Einzelheiten, um folgendes begreiflich zu machen: Von außen betrachtet glaubte man, daß der Rauschgifthandel den Mafiakrieg zwischen 1981 und 1983 sozusagen aus Geldgründen ausgelöst hatte, da die Lebensbedingungen »barbarischer« geworden waren. Die Dinge verliefen jedoch ganz anders. Unbestritten verschärften sich zwar die Spannungen innerhalb der Cosa Nostra, jedoch zu einem Zeit-

punkt, als mehr auf dem Spiel stand als der Rauschgifthandel.
Die Gegensätze liegen Jahrzehnte zurück. Der Krieg war lediglich der Epilog einer alten Geschichte. Der Augenblick war gekommen, alte familiäre und territoriale Konflikte und damit akute Kompetenzstreitigkeiten ein für allemal zu klären und die traditionelle Hegemonie der Palermer innerhalb der Cosa Nostra in Frage zu stellen. Tatsächlich war es bis dahin üblich, daß die Familienoberhäupter der Hauptstadt praktisch Sekretäre der Kommission waren. Der Mafiakrieg war also letztlich eine Machtfrage.
Er endete mit der systematischen Eliminierung aller, die sich den Herrschaftsabsichten der Corleonesen und deren Verbündeten gegenüber (sie hatten tatsächlich Verbündete, sogar unter den Palermern) feindselig erwiesen hatten oder so eingeschätzt wurden. Aus diesem unbeschreiblichen Blutbad, das mehrere hundert Tote forderte, ging die Cosa Nostra stärker, kompakter, vereinter, hierarchischer, dichter und noch undurchsichtiger hervor denn je. Und wie Buscetta vorausgesagt hatte, wurden die Unbeugsamsten und Widerspenstigsten alle nach und nach beseitigt.

Die neapolitanische Camorra und die kalabrische ’ndrangheta, die man häufig die eine und die andere Mafia nennt, haben nicht diese einheitliche, hierarchische und unterteilte Struktur wie die Cosa Nostra. Beide sind, wenn man so sagen will, horizontal organisiert.
In der ’ndrangheta wird vor allen Dingen nach familiären Verbindungen ausgewählt, was nicht zuletzt zu den endlosen Kriegen zwischen den Clans und dem von Generation zu Generation überlieferten Haß führt. Diese Organisation hatte sich auf eine Tätigkeit spezialisiert, die sicherlich veraltet, aber im Vergleich zu den Aktivitäten der Cosa Nostra nicht weniger gefährlich ist: Entführungen — die in der Regel au-

ßerhalb Kalabriens stattfinden und bei denen die Geiseln in die Berge des Aspromonte gebracht werden. Hinzu kommt die Kontrolle über die Auftragsvergabe und Weitervergabe, die Schutzgelderhebung und der Rauschgifthandel.
Mehrfach wurden Versuche unternommen, die einzelnen lokalen, häufig zerstrittenen Organisationen der Camorra zu einer einheitlichen Organisation zusammenzufassen. Der konsequenteste Versuch wurde von Rafaele Cutolo, der zur Zeit im Gefängnis sitzt, unternommen. Er endete Anfang der achtziger Jahre mit einem schrecklichen Blutbad. Auf diese Weise setzte sich erneut die horizontale Organisationslogik durch. Ihr Ziel: die Kontrolle über die illegalen Machenschaften auf dem Boden Kampaniens.
Irgendwann, als ich mich mit Tommaso Buscetta über die Camorra und die 'ndrangheta unterhielt, sprach er jene sibyllinischen Worte zu mir: »Über die Camorra rede ich nicht. Ich kümmere mich nicht um solche Clowns, die es sogar fertigbringen, Stadtpolizisten zu rekrutieren. Was die 'ndrangheta betrifft, frage ich Sie: Glauben Sie wirklich, daß es sie gibt?«
Ich glaube, ich habe den Sinn dieser Aussagen verstanden. Buscetta wollte mir klarmachen, daß allem Anschein nach zum Trotz das, was wir als Zusammenschlüsse krimineller Organisationen bezeichnen, nichts weiter als Gruppen von Personen sind, die lediglich durch Blutsverwandtschaft und durch die gleiche antagonistische Haltung gegenüber dem Staat miteinander verbunden sind. Und außerdem wollte er sagen, daß die kriminellen Elemente des kalabrischen Phänomens auf eine andere Wirklichkeit verweisen, nämlich auf keine geringere als die der sizilianischen Mafia.
Anders ausgedrückt: Das organisierte Verbrechen in Kalabrien zeigt, daß es inzwischen eine gewisse Eigendynamik erreicht hat und daß die erworbene Macht die lokalen Kräfte übersteigt. Dadurch, daß sich die 'ndrangheta mit der sizilia-

nischen Mafia in Verbindung gesetzt hat, hat sie sich verwandelt und ist gefährlicher geworden. Ich glaube, man kann heute sagen, daß die großen Chefs der 'ndrangheta direkt mit der sizilianischen Cosa Nostra verbunden sind. Ein Hinweis darauf ist die Tatsache, daß der kanadische Mafioso Paul Violi bei seinem Besuch in Sizilien Anfang der sechziger Jahre in Catania Giuseppe Calderone besuchte und in Kalabrien Paolo di Stefano, der als Chef der lokalen Mafia galt.

Vor dem Hintergrund dessen, was gesagt wurde, wird es weniger schwierig sein, diese kriminellen Organisationen zu bekämpfen, solange sie die horizontale und wenig hierarchische Struktur beibehalten. Dies war in Neapel besonders gut zu beobachten, als damals auf der einen Seite Rafaelo Cutolo und seine *nuova camorra organizzata* standen und auf der anderen Seite die der *nuova famiglia*. Nachdem man den Umgang der einzelnen Gruppen kannte, war es einfacher herauszufinden, wer wen getötet hatte. Unter dem Druck der Strafverfolgung haben sich die neapolitanischen Organisationen übrigens später ziemlich aufgerieben. Ihre Vernichtung sollte daher heute keine große Schwierigkeit bereiten.

Im übrigen ist es interessant zu beobachten, in welchem Maße die Strafverfolgung gegenteilige Wirkungen erzielt. Während die kriminellen Gruppierungen in Kampanien auseinanderfallen, rollt sich die Cosa Nostra in Sizilien wie ein Igel zusammen. Daraus läßt sich ersehen, wie wichtig es ist, bei der Auswahl der Strategien zu unterscheiden. Man darf nicht glauben, daß die Festnahme der Bosse der örtlichen Camorra bei den Neapolitanern das gleiche bewirkt wie die Festnahme eines Salvatore Riina oder Bernardo Provenzano bei der Cosa Nostra.

Man muß seine Strategien nach der zu treffenden Mafia differenzieren. Je stärker eine Organisation zentralisiert ist und im Untergrund arbeitet, desto gefährlicher ist sie. Weil sie über alle Mittel verfügt, die zur wahren Kontrolle des Mark-

tes und für die Ausübung der Polizistenrolle in ihrem Territorium notwendig sind, und weil die Zeit zwischen einer Entscheidung und deren Umsetzung in die Tat minimal ist. Eine zentralisierte Organisation und eine in viele kleine Machtzentren aufgesplitterte Organisation sind zwei Paar Stiefel.
Dieser Gedanke kann auch auf die internationale Ebene übertragen werden. Die augenblickliche Situation, in der Verbrecherorganisationen in bestimmten Ländern begrenzte Abkommen mit lokalem Geltungsbereich abschließen können, ist eine Sache. Die eventuelle Entwicklung des organisierten Verbrechens in Richtung eines föderativen Paktes riesigen Ausmaßes eine andere — man stelle sich nur vor, die türkischen Grauen Wölfe in Deutschland würden sich mit den sizilianischen Mafiosi in den Vereinigten Staaten und Australien und den chinesischen Triaden in Nordamerika verbünden, den traditionellen Einwanderungsrouten folgend, die — ob man will oder nicht — die sichersten Kanäle für das internationale Verbrechen bleiben...
Das Problem ist durchaus ernst zu nehmen, auch wenn es uns zur Stunde noch abstrakt erscheinen mag. Das organisierte Verbrechen muß sich, wenn es überleben und sich ausweiten will, einerseits auf die lokalen Eigenheiten und alten Kulturen stützen, die ihm eine ausreichende Garantie für die Undurchlässigkeit gegenüber dem Rest der Welt bieten, und andererseits allgemeingültige Modelle schaffen, die es ihm ermöglichen, in Zukunft weltweite Verbindungen zu knüpfen. Wenn sich diese traurige Perspektive einer Vereinheitlichung der einzelnen Verbrecherorganisationen tatsächlich verwirklichen sollte, wenn sich keine Unterschiede mehr zwischen den Methoden der Yakusa, der chinesischen Triaden und der Cosa Nostra feststellen lassen, wenn sich also ein einheitliches, weltweites Modell einer Mafia bilden sollte, frage ich mich, was wir dann noch tun können.
Ich sehe, wie sich dieses einheitliche Modell am Horizont ab-

zeichnet. Es basiert auf der starken Tradition der ethnischen Gruppen, auf der außergewöhnlichen Fähigkeit, das Territorium zu kontrollieren und Entscheidungen in die Tat umzusetzen, auf der Entwicklung primitiver Handelsformen, die fast schon dem alten Tauschhandel gleichkommen. Ein sizilianischer Mafioso würde (und tut es bereits) einem Mitglied der amerikanischen Cosa Nostra ein Kilo achtzig Prozent reinen Heroins überlassen und dafür drei Kilo Kokain erhalten, wobei beide ein gutes Geschäft gemacht hätten, weil sie ihre Ware auf verschiedenen Märkten absetzen. Ihr jeweiliger Gewinn würde sich daraus ableiten, daß die Preise in Abhängigkeit der Strafverfolgungen von Land zu Land verschieden sind: Paradoxerweise steigen die Preise für Drogen, wenn die Polizeikräfte effizient arbeiten und hart gegen die Dealer durchgreifen.

Es beruhigt mich jedoch, wenn ich mir vor Augen halte, daß das größte Hindernis für diese Vereinigung die Sprachbarriere ist. Wie sollen Menschen sich verständigen, wenn der eine einen sizilianischen Dialekt und der andere Kanton-Chinesisch oder Hongkong-Chinesisch spricht? Und da es meines Wissens in der Welt des organisierten Verbrechens noch kein Esperanto gibt . . .

Ich stelle fest, daß ich bisher noch kaum von der amerikanischen Cosa Nostra und der »Mafia des Ostens«, wie man sie nennt, gesprochen habe. Das ist kein Zufall. Zwar ist die sowjetische Mafia (und die anderer Länder des ehemaligen Ostblocks) ein ernstes Problem — der Weg über die Balkanländer wird von den Heroinhändlern, unterstützt durch lokale, kriegsgewohnte Kriminelle, sowieso schon rege beansprucht —, dennoch kann man nicht sagen, im Osten gäbe es eine mit der Cosa Nostra vergleichbare Organisation. Natürlich könnte das Milieu in diesen Ländern im Rahmen der nach dem Fall der ideologischen und staatlichen Mauern unausweichlichen Expansion der illegalen Märkte genutzt werden. Aber die sowjetische Mafia erscheint mir im Augenblick eher ein Problem der allgemeinen Korruption in der Verwaltung zu sein. Man darf auf keinen Fall alles Mafia nennen, was keine Mafia ist. Andernfalls wird man keine differenzierten Strategien erarbeiten können und verliert an Effizienz.

Die amerikanische Cosa Nostra verdient eine intensivere Erörterung, obwohl ihre Beziehungen zu ihrem sizilianischen Gegenstück heute entfernte sind. Anfangs war sie nur eine Filiale der sizilianischen *Organisation*, die sich aus dem Fahrwasser der in die Neue Welt emigrierenden Mittelmeeritaliener heraus entwickelte, um sich gegen die Schikane durch die anderen Einwanderungsgruppen, die offensichtlich stärker und besser organisiert waren, zur Wehr zu setzen.

Mit der Zeit hat die amerikanische Cosa Nostra natürlich eine eigenständige Entwicklung genommen, ohne deshalb im Grunde ihre Identität zu verlieren. Buscetta erzählte, er sei in den Vereinigten Staaten bei der zweiten Hochzeit eines Mafioso dabeigewesen, an der sogar die Kinder aus erster Ehe teilgenommen hätten: Das wäre in Sizilien undenkbar gewesen.

Die beiden Organisationen paßten also ihre Gewohnheiten und ihre Mentalität dem Land an, in dem sie lebten. Konkret führte diese zweigleisige Entwicklung die amerikanische Cosa Nostra langsam zur heute vollständigen Autonomie. Selbst im Bereich der Arbeitsfelder: Während Spielsalons und Prostitution zum Hauptgeschäft der Amerikaner gehören, lehnen die Sizilianer beides strikt ab. Während sich die Amerikaner auf den illegalen Handel spezialisiert haben, bemühen sich die Sizilianer, das illegale mit dem legalen Geschäft zu verbinden, und beteiligen sich vereinzelt, jedoch mit erschreckender Effizienz, am Drogenhandel, auch wenn sie es ablehnen, ihn auf eigenem Gebiet zu organisieren.

Auf einer berühmten Versammlung 1957 im Hotel Palmes in

Palermo gaben Sonderbeauftragte der amerikanischen Cosa Nostra völlig autonom ihren sizilianischen Kontaktleuten den Rat: Wenn ihr eure internen Konflikte beheben und ihr eure *Organisation* zur Einheit führen wollt, dann tut ihr gut daran, es so zu machen, wie wir es getan haben. Schafft eine zentrale Kommission, in der alle Familienoberhäupter vertreten sind.

Noch ein konkreter Beweis für die Autonomie: In einem Gespräch, das mit Hilfe von Wanzen in der Milchbar des Mafioso Paul Violi in Montreal im Jahr 1972 aufgenommen worden war, bestätigte dieser, daß die Zeit der »Gleichstellung« zu Ende sei. Ein gewisser Cuffaro war von Agrigent (Sizilien) nach Amerika gekommen und stand nun in seiner Bar. Sie redeten zunächst über die Situation in Sizilien (»In Palermo steht alles Kopf?« erkundigte sich Paul Violi), dann über das Schicksal eines bestimmten sizilianischen Ehrenmannes und schließlich über die internationale Marktsituation.

Sehr bald wird deutlich, daß Violi zur amerikanischen Mafia gehört, daß er sogar Chef der in Montreal wohnenden Mitglieder der Familie Bonnano ist, die wiederum eine Art Appendix der amerikanischen Cosa Nostra auf kanadischem Boden zu sein scheint. Cuffaro erklärt er: »Glaub ja nicht, du könntest hier absteigen und machen, was du willst. Wir behalten dich im Auge. Wir überwachen jede deiner Bewegungen. Wenn du dich in unseren Augen anständig verhältst, werden wir das Notwendige veranlassen, damit du eintreten kannst.« Mit anderen Worten: Paul Violi bestätigt, daß man als Sizilianer nun nicht mehr wie früher automatisch der überseeischen Cosa Nostra angehört.

Eine kleine Zwischenbemerkung: Diese interessante Unterhaltung in sizilianischer Sprache, die ins Englische übersetzt worden war, wurde 1976 Italien übermittelt. Sie durchlief erst mehrere Büros des Innenministeriums, bis sie schließlich im Gericht von Agrigent, das sich mit dem Fall Cuffaro beschäftigte, landete. Eines schönen Morgens im Jahr 1984 rief mich der Richter der Stadt, Fabio Salamone, an. Ich war gerade mitten in einer Vernehmung Buscettas. Er teilte mir mit: »Hier sind Übersetzungen von einer Aufzeichnung aus dem Jahr 1972 aus Kanada angekommen, die, wie mir scheint, das bestätigen, was Buscetta sagt ...«

Noch eine Geschichte, die die Autonomie der beiden Mafias bestätigt: Die amerikanische Mafia will aus Prinzip nichts mit dem Drogenhandel zu tun haben; die sizilianische Mafia sieht über Ehrenmänner, die sich auf eigene Faust daran beteiligen, hinweg (man darf nicht vergessen, daß die Cosa Nostra in Sizilien sich als *Organisation* nicht an diesem Handel beteiligt; die Männer und Familien, die sich damit beschäftigen, tun dies auf eigene Rechnung, auch wenn sie die Netze der *Organisation* zu diesem Zweck nutzen). Zu Beginn von Ermittlungen, die parallel in den Vereinigten Staaten und in Italien liefen, hielten wir Sizilianer, die mit Drogen handelten und nach allen Regeln ordentliche Mitglieder der sizilianischen Cosa Nostra waren, für amerikanische Mafiosi.

Wir schreiben das Jahr 1987. Jemand informiert uns, daß ein Handel zwischen Marseille, Palermo und den Vereinigten Staaten bevorsteht. Die Polizei spricht von dem Initiator dieses Handels als einem Mitglied der amerikanischen Mafia. Ein aufgefangenes Telefongespräch zwischen ihm und seiner Frau verwirrt uns jedoch im ersten Moment: Sie bittet ihn nachdrücklich, sich um die Bezahlung einer Lieferung zu kümmern (es handelte sich in Wirklichkeit um von der Polizei beschlagnahmtes Rauschgift), und antwortet ihm auf sein Drängen: »Ich kann nichts unternehmen, weil der Verwaltungsrat des Krankenhauses solche Dinge nicht erlaubt.« Übersetzung: Die amerikanische Mafia kann nicht eingreifen, weil ihre Obersten die Beteiligung am Drogenhandel nicht gestatten.

Für uns Ermittler bedeutete dies eine wichtige Bestätigung:

Dieser Mann, namens Mariano Piazza, war ein Drogenhändler, der der sizilianischen und nicht der amerikanischen Mafia nahestand und der deshalb seine amerikanischen Gegenstücke nicht um Hilfe bitten konnte. Die beiden Organisationen waren vollkommen autonom. Keine konnte der anderen irgendwelche Befehle erteilen.

Wenn wir auf dem augenblicklichen Stand unserer Erkenntnisse über die Mafia Bilanz ziehen wollen, werden wir sehr schnell feststellen, daß wir sehr viel wissen. Wir haben in zehn Jahren ein kulturelles Rüstzeug angesammelt, wie wir es noch nie zuvor hatten. Dies verdanken wir der Öffnung der *pentiti* und der Schärfe der Strafverfolgung. Darüber hinaus sind wir im Besitz einer Methode. Wir kennen daher die genaue Struktur der *Organisation*, ihre Interventionsmechanismen und sogar ihre Denkweise.

Leider fehlen uns noch einige wesentliche Angaben. Wir kennen zum Beispiel nicht das Versteck der wichtigen Bosse, wie Salvatore Riina, Bernardo Provenzano, und etwa fünfzig anderer Führungskräfte der *Organisation*. Wir kennen nicht die Namen aller Ehrenmänner, und vor allen Dingen sind viele dabei, von denen man es gar nicht vermuten würde und die deshalb schwer zu entlarven sind: die sogenannten *colletti bianchi*, die weißen Kragen, die ein scheinbar untadeliges Zivilleben führen.

Unser schwerwiegendstes Defizit ergibt sich jedoch aus der Verschlossenheit und der zunehmenden Untergrundorganisation der Cosa Nostra als Folge des Mafiakrieges und der Strafverfolgung: Der Informationsfluß im Kreise der Ehrenmänner fließt nicht mehr so leicht wie früher, jeder lebt eingesperrt in der Familie, aus der er ursprünglich abstammt — eine Anordnung der Corleonesen, um damit den Strom der *pentiti* zu stoppen. Zwangsweise erhalten auch die Richter und Ermittler weniger Informationen. Die aktuellsten Nach-

richten stammen aus den Geständnissen Francesco Marino Mannoias, also aus dem Jahr 1990. Das liegt noch nicht so lange zurück, dennoch können wir in den kommenden zwei Jahren die Mine, die uns angeboten wurde, nicht ausbeuten. Ich fürchte einen erheblichen Rückschritt im Antimafia-Kampf und eine erneute Ohnmacht des Staates.
Es tut weh, sich dies sagen zu müssen. Aber wenn die Institutionen mit ihrer Politik der Kurzsichtigkeit und der Laschheit gegenüber der Mafia so weitermachen, nur weil sie dort, wo das organisierte Verbrechen um sich greift, keinen Einfluß haben, fürchte ich, wird sich der für die Cosa Nostra günstige Trend weiter verstärken.

Die Cosa Nostra wird weiterhin ihre Methoden dem Wandel der Zeiten anpassen und sie dabei jedesmal noch ein wenig verfeinern. Sie ist sogar in der Lage, die Telefonabhöranlagen zu überlisten! Niemand zweifelt daran, daß das Telefon das wichtigste Instrument im Drogenhandel ist. Die Fahnder haben daher die Abhöreinrichtungen verdoppelt. Aber die Kriminellen sind ihrerseits geschickter geworden. Man konnte somit aus nächster Nähe die Entwicklung einer Geheimsprache beobachten: »Bring mir vierzehn Pferde zur Plaza de Milan.« Natürlich handelte es sich nicht um Pferde, die der Gesprächspartner in dieses große Hotel der Lombardei bringen sollte.
Anderes Beispiel: Als Gaetano Badalamenti 1984 in Spanien verhaftet wurde, fand man in seinem Hut sämtliche Telefonnummern der öffentlichen Telefonzellen eines bestimmten Stadtviertels in New York mit jeweils den Zahlen 1, 2, 3 etc. Wie liefen nun die Telefongespräche zwischen Badalamenti und seinen Mafiafreunden ab? Man mußte zum Beispiel sagen: »Ruf mich in einer Stunde unter Nummer 1 an«, oder auch: »In einer halben Stunde unter Nummer 3«. Auf diesem Wege gelang es ihnen lange Zeit, sich einer Verhaftung zu entziehen, da die Fahn-

der anfangs nicht wußten, welche Nummer welcher Telefonzelle entsprach. Das organisierte Verbrechen benutzt also immer ausgefeiltere Methoden, die die Professionalität der Fahnder auf eine harte Probe stellen.
Im Zusammenhang mit der zunehmenden Perfektionierung der Verbrechensmethoden waren die Ermittlungen im Fall Francesco Màfara im Jahr 1980 besonders aufschlußreich für mich. Die Ermittlungen begannen in Rom nach der Beschlagnahme von zehn Kilo Heroin. Albert Gillet, ein Belgier aus den Vereinigten Staaten, war am Flughafen Fiumicino verhaftet worden. Bereits hier war es verwunderlich, daß ein Bote Heroin importierte, wo der Gang der Dinge normalerweise doch in umgekehrter Richtung verlief. Zweiter Anlaß zur Verwunderung: Es handelte sich um 86prozentiges Heroin. Warum also kam es zurück? Wir wußten nicht, daß eine 86prozentige Reinheit damals bei den Amerikanern als unzureichend galt und die Ware deshalb an den Absender zurückgegeben wurde.
Ich überspringe die großen Ereignisse, durch die wir weitere belgische Komplizen, wie Paul Eric Charlier und Louis Barbet, bis hinein in die Anti-Rauschgift-Brigade in Belgien, entdecken konnten, um nun zum dritten überraschenden Punkt in dieser Sache zu kommen: Gillet trug eine Telefonnummer in Palermo bei sich. Er sagte, es sei die Nummer, die er anrufen müsse, um zu sagen: »Okay, es ist gut angekommen.« Die Telefonnummer gehörte jedoch zu einem Tabakladen in der Via Oreto, dessen Besitzer, ein gewisser Carmelo Cinquemani, namentlich im Zusammenhang mit meinen Bankermittlungen im Prozeß Spatola erwähnt worden war. Ich schickte die Polizei zu Cinquemani, der behauptete, er habe nie einen solchen Anruf erhalten. »Im übrigen«, erklärte er, »kann man in meinem Tabakladen keine Telefongespräche annehmen, sondern nur von dort aus führen.«
Mißtrauisch, wie ich bin, ließ ich das Telefon beschlagnah-

men und von den Technikern untersuchen. Diese teilten mir mit, daß die akustische Signalvorrichtung der Klingel, die normalerweise bei öffentlichen Fernsprechern unterbrochen wird, wieder angeschlossen worden war. Der Apparat von Cinquemani konnte also durchaus Gespräche empfangen. Welch ein Einfallsreichtum! Und da gibt es immer noch Leute, die behaupten, die Mafiosi seien Höhlenbewohner, die weder schreiben noch rechnen können ...

All diese angesammelten Informationen über die Cosa Nostra und die Entwicklung ihrer Methoden hatten zahllose Auswirkungen auf die Vorgehensweise der Justiz und der Polizei. Was mich betrifft, so haben sie mir speziell die Fähigkeit, gewisse Sachverhalte zu erkennen, erleichtert. Mit der Zeit lernte ich zu unterscheiden, ob in einer Rauschgift-Affäre Mafiaorganisationen verwickelt waren oder nicht oder ob sich eine verschwundene Person nur vorübergehend entfernt hatte oder ob es sich um eine *lupara bianca* handelte. Meinen Kollegen vom Antimafia-Pool ging es ähnlich. Heute kann übrigens niemand mehr von einer »blinden Mörderhand« — ein früher vielfach verwendeter Ausdruck — als Bezeichnung für den eventuellen Autor eines Mordes reden.

Neulich geschah etwas in Palermo, wovon ich zwar das Nachspiel nicht kenne, dafür das Vorspiel um so besser. Ein gewisser Giuseppe Giuliano, der wegen seiner ausgeprägten Neigung zum Wein auch Follonari genannt wird — in Anlehnung an einen italienischen Wein —, wurde verhaftet. Das geschah so: Einer Polizeistreife waren zunächst zwei Personen auf einem Moped aufgefallen, dann hinter ihnen ein Auto mit Fahrgästen und schließlich auf der anderen Straßenseite ein Lastkraftwagen, dessen Scheiben mit Zeitungen volltapeziert waren. Als der Lkw-Fahrer bemerkte, daß er beobachtet wurde, stellte er sich quer und blockierte den Verkehr so, daß den Polizisten der Zugang zu dem auffälligen Fahrzeug versperrt blieb und dieses eiligst davonfuhr. Was hatte dies zu

bedeuten? Daß dieser Lkw-Fahrer Meldegänger war und daß die Fahrgäste in dem Auto sehr viel bedeutender waren als die Passagiere des Lastwagens, die sich anstandslos festnehmen ließen — darunter auch Follonari.
Follonari ist aber nicht irgendwer in der *Organisation*. Er ist ein Freund des großen Bosses Giuseppe Lucchese. Bei der Festnahme hatte er Chirurgenhandschuhe, eine .357 Magnum mit sechs Schuß, deren Waffennummer abgefeilt worden war, und einen Benzinkanister bei sich. Es ist naheliegend, daß ein wichtiger Mord geplant war, der Lastwagen dabei eine unterstützende Rolle spielen sollte — er war übrigens zwei Jahre vorher gestohlen worden — und das Benzin dazu da war, das Auto der *Killer* zu verbrennen.
Zum Schluß möchte ich eine Hypothese aufstellen: In der Cosa Nostra herrscht zur Zeit solch eine Spannung, eine Qual, um es gewagt auszudrücken, daß ein großes, spektakuläres Attentat auf einen Vertreter des Staates eine, in gewisser Weise, befriedende Wirkung auf die beiden »Seelen« haben könnte, die sich um die Mafia streiten, nämlich die Palermer Seele, die Rache üben will, und die Corleoneser Seele, die 1982 der Hauptstadt das Ruder der *Organisation* entrissen hat.
Nicht nur Richter üben sich in derlei Analysen und Hypothesen. Ich denke an einen Ehrenmann wie Salvatore Contorno, der mir von dem gegen ihn gerichteten Attentatsversuch im Jahr 1981 erzählte. Er befand sich gerade auf der Umgehungsstraße von Palermo in Höhe der Brücke Brancaccio, als er vor sich ein Auto bemerkte, das auffällig langsam fuhr. Dann sah er den Killer Mario Prestifilippo, den er gut kannte, aufrecht auf dem Trittbrett stehen. Daraufhin sagte er zu sich: »Fehlt nur noch das Moped.« Und kaum hatte er den Satz zu Ende gedacht, als er auch schon das Moped sah. Blitzartig begriff er, daß man ihn töten wollte. Er warf sich auf die rechte Seite seines Autos, stieß das neben ihm sitzende Kind in dem

Moment hinaus auf den Bürgersteig, wo der Kugelhagel aus der Kalaschnikow die Windschutzscheibe durchsiebte (man fand übrigens im Auto einen Haarbüschel des Kindes). Er öffnete die Tür und duckte sich hinter dem Kühler, dem einzigen Ort, an dem er sich sicher fühlte. Er zog seine Waffe, zielte auf den Mopedfahrer, traf ihn auch, verletzte ihn jedoch nicht. Später erfuhr man, daß es sich um den Killer Pino Greco, *scarpazzedda* genannt (»kleiner Schuh«), handelte, der nur dank seiner kugelsicheren Weste überlebt hatte.
Warum ich diese Episode erzähle? Weil sie einmal mehr beweist, wieviel Intelligenz und Professionalität der Kampf gegen die Mafia erfordert. Denn die Mafia selbst ist intelligent, gewandt und schnell. Meine Sorge ist, daß sie uns immer einen Schritt voraus sein wird.

5.

Gewinn und Verlust

Nichts ist entehrender für einen Sizilianer und erst recht für einen Ehrenmann als die Prostitution. Deshalb taucht diese Einnahmequelle auch in der Bilanz der sizilianischen Mafia nicht auf. Ganz anders bei der Mafia jenseits des Atlantiks. In diesem Punkt werden in meinen Augen die ganzen kulturellen Unterschiede, die sich im Laufe der Jahre herauskristallisiert haben, besonders deutlich. In den Vereinigten Staaten, wo die Cosa Nostra eine sehr hohe »Bildungs-«, »Entwicklungs-« und »Verfeinerungsstufe« erreicht hat, stellt die Prostitution der Callgirls für zweitausend Dollar die Nacht kein moralisches Problem dar. Sie hat auch nicht diesen erdrückenden, schmierigen, entwürdigenden Charakter der sizilianischen Absteigen. Auch Glücksspiele sind nicht schlecht angesehen. Im Gegenteil, sie sind eine nicht zu verachtende Einnahmequelle.

Nicht in Sizilien. Glücksspiele gehören nicht zu den anerkannten Betätigungsfeldern der Cosa Nostra. Der *pentito* Angelo Epaminonda, Kokainabnehmer, Drogenhändler, Sizilianer und Mailänder zugleich, betätigte sich zwar auch im Glücksspielgeschäft, aber er lebte in Mailand und war kein Ehrenmann. In Palermo kenne ich keinen einzigen Mafioso, der einen Spielsalon betrieben hätte. Der *pentito* Antonino Calderone aus Catania erzählte, daß sein Bruder Giuseppe immer Michele Zaza und Alfredo Bono ihre Schwäche für das Roulette und die Eisenbahn vorgehalten habe. Bono galt in den Spielcasinos und Spielhöllen Norditaliens als großer Spieler — ein Renommee, das einem Ehrenmann niemals großes Ansehen verschafft. Es wird im Einzelfall toleriert. Sobald es sich aber zu einem auffälligen Hobby zu entwickeln droht, wird der Ehrenmann zurechtgewiesen.

Erpressungen sind etwas anderes. Man darf nicht vergessen, daß die systematische Erpressung das beste Mittel ist, die Kontrolle über das Territorium zu festigen und auszubauen, was wiederum die Hauptaufgabe des Familienoberhauptes ist. Im übrigen ist sie mehr eine konkrete — nämlich zu zahlende — Anerkennung der Autorität der Mafia als eine bedeutende Einnahmequelle. Zumindest kann man sagen, daß sich das Erpressungssystem im Laufe der Jahre entwickelt und andere Formen und einen anderen Unterton angenommen hat.

Anfangs praktizierte man die Erpressungen noch mit einer gewissen Schamhaftigkeit und täuschte irgendwelche Gründe zur Entschuldigung vor: Man verlangte beispielsweise einen »Beitrag« zur Unterstützung derer — wie behauptet wurde —, die im Gefängnis saßen. Als Gegenleistung für die Spenden, die damals weder so umfangreich noch so verzweigt waren, wie immer behauptet wird, versprach die Cosa Nostra dem Erpreßten den vollen Schutz seines Ladens oder seines Betriebs. In den Aussagen der *pentiti* Mannoia, Calderone und vieler anderer ist häufiger die Rede davon, daß die Mafia kleine Ganoven beseitigt, die Unordnung im Territorium einer Familie stiften, an die die Händler pünktlich ihren *pizzo*, Prozentsatz, gezahlt haben.

Heute hat das Schutzgeld oder die Erpressung häufig nur noch die Bedeutung einer formellen Anerkennung der Macht einer bestimmten Familie über ein bestimmtes Territorium. Der Schutzschildeffekt ist fast völlig verlorengegangen. Schutzgelder sind für den Händler ein zusätzlicher Kostenfaktor geworden, der zu dem üblichen Risiko eines Überfalls, Diebstahls etc. hinzukommt. Dies beweist, daß sich das Verhältnis der Mafia zur gewöhnlichen Kriminalität gewandelt hat, genauer gesagt, daß die Cosa Nostra den kleinen Gano-

ven gegenüber ein gewisses Wohlwollen zeigt. Früher ließ der Mafioso den Dieben wenig Spielraum; heute unterstützt er ihre Machenschaften.
Das war meines Erachtens eine bewußte Entscheidung der Corleonesen. Sie gaben den Betrügern, der Unterwelt und den Ganoven in den großen Städten wie Palermo und Catania grünes Licht, um die Polizei mit der Verfolgung kleiner Verbrecher zu beschäftigen und auszulasten. Aber auch, um den Familien in den Ballungszentren das Leben schwerzumachen und dabei der Peripherie Freiraum zu verschaffen. Die Erpressung hat sich somit von ihren Überlebens- (»Eine kleine Spende für die, die im Gefängnis sitzen!«) und Schutzforderungen losgelöst. Sie ist heute nur noch ein Mittel zur Geldbeschaffung und nicht mehr an die Schutzgarantie von einst gebunden. Es kommt vor, daß Händler zwei, drei oder vier Schutzgelder an verschiedene Gruppen leisten müssen, besonders in Kampanien, wo die Camorra in viele Splittergruppen zerfallen ist.
Wenn man an das denkt, was Buscetta über das Oberhaupt seiner Familie, Gaetano Filippone, erzählte, der seinen Ehrenmännern in den fünfziger Jahren riet, bei einem Obst- und Gemüsehändler einzukaufen, der völlig blank war und dessen Geschäfte schlecht liefen ... Ich erwähne das nicht, weil ich für die Mafia von damals Mitleid heischen möchte, sondern weil ich daran erinnern will, daß die Mafia eine ganz einfache Strategie verfolgte. Sie wollte sich mit den Einzelhändlern, mit denen sie im alltäglichen Leben zwangsweise zu tun hatte, gutstellen, indem sie die einträglichen Gewinne bei den großen Unternehmen zu erzielen versuchte. Ich erwähne dies auch, weil ich darauf hinweisen möchte, daß damals für die Gesellschaft — und damit auch für die Mafia — keine zwingende Notwendigkeit bestand, riesige Gewinne zu erzielen. Die Ausbreitung des Massenkonsums haben das sizilianische Milieu und die Cosa Nostra, die sich

stets der Entwicklung des Milieus angepaßt hat, tiefgreifend verändert.
Fast jeder bezahlt heute Schutzgeld. In den Notizbüchern, die man 1990 in Antonino Madonias Versteck gefunden hat, befand sich eine lange Liste von Leuten in Palermo, die etwas produzieren oder Gewinne machen — und die zahlen. Hinter bestimmten Namen stehen Summen von 400 000 Lire oder 600 000 Lire monatlich. Die paar hunderttausend Lire mögen unerheblich erscheinen. Darüber haben schon mehrere gelacht: »Daß so Giganten wie die Madonias Krümel aufkehren!« Das sind keine Krümel. Durch die Erhebung dieser vielen kleinen Summen konnten die Madonias ihre Armee, ihre Basis, ihre Handlanger selbst finanzieren, die für einen *Deal*, zur Vertuschung eines Verbrechens oder als Leibwächter benutzt wurden und dafür monatlich ein Gehalt bezogen. Man denke nur an den Palermer Vincenzo Sinagra, später auch ein *pentito*, der monatlich bezahlt wurde und noch nicht einmal ein Ehrenmann war. Er war eine Art Faktotum, ein »Mann für alles«. Er hing an der Piazza Scaffa in Palermo herum und wartete darauf, daß ihm kleinere Jobs übertragen wurden.
Schutzgelder dienen heute also dazu, die unteren Schichten der *Organisation*, die Handlanger der Cosa Nostra und ihr Umfeld, zu finanzieren. Sie dienen auch dazu, sich die Profitquellen warmzuhalten, wie die Ermordung einiger Unternehmer beweist. Libero Grassi, zum Beispiel, wurde am 29. August 1991 diesmal nicht wegen der paar hunderttausend Lire umgebracht, die er nicht zahlen wollte, sondern wegen des »schlechten Beispiels«, das er der Industrie gab.
Unabhängig davon haben die Ermittler selbst in diesem Punkt in jüngster Zeit eine Entwicklung beobachten können: Die Tendenz geht heute dahin, die Schutzgeldforderungen einzuschränken. Ich sehe darin ein sehr schlechtes Zeichen, denn das heißt für mich, daß die Mafioso mehr und mehr

selbst die Rolle der Unternehmer übernehmen und die Gewinne aus dem illegalen Drogenhandel in eigene Unternehmen investieren. Für die Wirtschaft im allgemeinen ist es wenig erfreulich, wenn sich die Cosa Nostra auf dem legalen Markt zunehmend breitmacht.
Versuchen wir, uns einen Mafioso vorzustellen, der Leiter eines Unternehmens geworden ist. Er ist reich und hat die Sicherheit, über enorme Geldsummen verfügen zu können, die er nicht leihen und somit auch nicht zurückzahlen muß. Er wird daher alles tun, um sich in seinem Wirtschaftssektor eine Monopolstellung zu erobern. Hat er eine Baufirma, wie das bei Mafiosi häufig der Fall ist, wird er sein Betätigungsfeld auf Steinbrüche, Betonstahllager, Installationsfirmen, Zulieferbetriebe im allgemeinen bis hin zur Beschaffung von Arbeitskräften erweitern. Warum also sollte er jemanden erpressen? Er wird versuchen, die anderen Eigentümer von Steinbrüchen und die Betonstahlhersteller in ein monopolistisches Netz einzubinden, über das er die Kontrolle ausübt. Leonardo Greco, Eigentümer eines Betonstahlwerks, verlangte nichts von seinen Kollegen. Aber er unternahm alles, um seine Produktion an die Bauunternehmer der Region Palermo zu verkaufen, unabhängig davon, ob sie Mafiosi waren oder nicht: ein Beispiel dafür, wie der Mafiaunternehmer das wirtschaftliche Panorama beeinflußt.
Das Bestreben, die Zahl der Erpressungen zu verringern, führt uns deutlich vor Augen, daß sich das organisierte Verbrechen (das wir nicht im Griff haben) den Luxus gönnt, sich einträglicheren Geschäften zuzuwenden, während wir es nach wie vor auf einem längst veralteten Gebiet verfolgen. Es ist kein Zufall, daß dieser *Trend* dort am deutlichsten erkennbar wird, wo die Mafia am stärksten vertreten und ihr Druck am größten ist. Dieser Trend geht übrigens mit einem allgemeinen Rückgang der Ermordungen einher.
Wir müssen somit woanders nach einem überzeugenden

Schlüssel zur Interpretation suchen. Ich wiederhole: Die Infiltration von Männern der Mafia mitten in den legalen Markt, verbunden mit dem Rückgang der besonders auffälligen kriminellen Aktionen (ganz deutlich in Palermo und in weiten Teilen Siziliens), ist, auch wenn man es positiv deuten könnte, in Wirklichkeit eine beunruhigende Erscheinung. Die Theoretiker sollen nur kommen, die es wagen zu behaupten, daß diese Situation ein Beweis für die schrittweise Zersetzung des organisierten Verbrechens und dessen Zerfall der Untergang der Gesellschaft aufgrund der Verbesserung des Lebensstandards sei!

Nein, der Mafioso, der auf illegalem Wege reich geworden ist — und seine Nachkommen noch stärker als er — und in die legale Wirtschaftswelt Einzug genommen hat, zeugt nicht von der Absorption und Neutralisation der Mafia in der Gesellschaft. Weder heute noch morgen. Denn: einmal Mafioso, immer Mafioso, was für ihn bedeutet, sich auf die Gesetze der Cosa Nostra zu berufen, die typische Form von Gewalt anzuwenden und sein Kastenbewußtsein, das Gefühl der Zugehörigkeit zu einer privilegierten Schicht, zu bewahren.

Ein Mafioso kann sich jederzeit genötigt fühlen, sich wie ein solcher zu verhalten. Die Inzerillos, Spatolas und Teresis waren alle in ihrem Bereich, dem Bauwesen, fähige Unternehmer. Aber sie waren Mafiosi. Rosario Spatola hatte in den fünfziger Jahren als fahrender Milchhändler begonnen (er mußte damals sogar ein Bußgeld bezahlen, weil er Milch mit Wasser verschnitt). 1978 konnte er die größte öffentliche Ausschreibung Palermos an Land ziehen: den Bau von 422 Sozialwohnungen. Natürlich war der Auftraggeber das Institut für öffentlichen Wohnungsbau, dessen Präsident Vito Ciancimino war. Wenn man die Fähigkeiten eines Unternehmers besitzt und zusätzlich Beziehungen hat, die diesen zugute kommen . . .

Man kann wirklich nicht sagen, daß Mafiosi nichts tun, daß

sie sich damit zufriedengeben, ihr Vermögen zu verwalten, und einzig und allein von Drohungen und Erpressung leben — das ist ein Gerücht. Nein, sie arbeiten hart, und sie verstehen es, ihr Geld fruchtbringend anzulegen. Auch in diesem Punkt verhalten sie sich wie seriöse Geschäftsleute. Michele Greco, den sie auch den »Mafiapapst« nennen, arbeitete hart auf seinen Ländereien. Er versteht sehr viel von Landwirtschaft. Ebenso wie Rosario Spatola vom Bau.
Aber wenn man Mitglied der Cosa Nostra ist und Gewalt und Einschüchterung anwendet, ist es natürlich leichter, sich auf dem Markt zu behaupten. Mafiosi tun dies, und sie werden nie aufhören, dies zu tun, solange es die Mafia gibt. Gott weiß, wie viele Hungerleider ich in meiner Laufbahn schon habe reich und große Bauunternehmer werden sehen. Aber keiner von ihnen hat je seine Verbindung zur Mafia und seine Mafiamethoden aufgegeben. Und ihre Kinder auch nicht. Diese Überlegung kann verstehen helfen, warum diese Cosa Nostra so schwer zu bekämpfen ist: Ginge es nur um Großstadtbandentum und Stadtganoven, wäre alles so viel einfacher!
Betrachten wir kurz den wirtschaftlichen Parasitismus, dessen man die Cosa Nostra beschuldigt. Man fragt sich, warum die so intelligenten, flexiblen und unternehmerisch begabten Mafiosi trotzdem lieber Parasiten sein wollen? Die Antwort ist sehr simpel: Weil es einfacher ist.
Das mag jetzt wie eine Binsenweisheit klingen, ist aber im Gegenteil eine sehr ernste Feststellung. Auch wenn man noch so intelligent und leistungsfähig ist, heißt das in Sizilien noch lange nicht, daß man Erfolg hat oder es zu etwas bringt. Sizilien hat sich zu einem System entwickelt, das um sich selbst kreist und die Cliquenwirtschaft zur Lebensregel erhoben hat. Es ist schwer, unter diesen Bedingungen seine beruflichen Qualitäten zur Geltung zu bringen. Was bei uns zählt, das ist immer der Freund oder die Beziehung, die uns weiter-

hilft. Und die Mafia, die ja immer in konzentrierter Form die sizilianischen Werte verkörpert, geht sogar so weit, etwas wie eine Gunst erscheinen zu lassen, was jedem Bürger rechtmäßig zusteht.

Was bedeutet nun Parasitismus? Früher widmete sich die Mafia der *guardiania*, der Bewachung, wobei sie den Großgrundbesitzern ihre Leute aufdrängte und Geld dafür erpreßte, auch wenn die Großgrundbesitzer überhaupt nicht um Schutz und Bewachung gebeten hatten. Sie hängte sich somit an die produktiven Tätigkeiten der anderen an, ohne selbst produktiv tätig zu werden. Heute stellt man — nicht zuletzt dank der Arbeiten des Soziologen Pino Arlacchi — fest, daß die parasitäre *Organisation* einen Wandel vollzogen hat. Nicht etwa, daß sich der Mafioso als Unternehmer verkleidet hätte: Nein, er ist ein wahrer Unternehmenschef geworden, wobei er sich den zusätzlichen Vorteil der Zugehörigkeit zur Cosa Nostra zunutze gemacht hat. Dieser Wandel ist eine Folge der enormen Geldsummen, die zunächst durch den Tabakschmuggel, später durch den Rauschgifthandel zuflossen.

Ignazio und Nino Salvo waren somit echte Unternehmer. Ignazio war bis 1984 Leiter eines Finanzamts in Sizilien. Als ihm die Konzession dafür entzogen wurde, sagten die Männer aus seinem Umfeld: »Die SATRIS wird in die Hände des Staates oder, schlimmer noch, in die Hände der politischen Parteien fallen. Das gibt ein unvorstellbares Chaos.« Und das Chaos trat ein. Auch Stefano Bontate war ein guter Manager. Die Cuntreras und die Caruanas haben in harter Arbeit von den sechziger Jahren an bis heute in Kanada und Venezuela ein riesiges Imperium aufgebaut. Antonino Calderone schließlich setzte sich zwar nach Nizza ab, um der Strafverfolgung der Polizei zu entgehen, aber auch, um dort eine Reinigungskette aufzuziehen, die sehr gut läuft. Alles in allem, wenn ein Mafioso sagt: »Ich bin ein ehrlicher Arbeiter«,

muß man zugestehen, daß dies nicht ganz falsch ist. Der echte Parasitismus der Mafia stammt, wie schon gesagt, aus der Zeit der Großgrundbesitzer und konnte nur wegen deren Nachlässigkeit gedeihen. Sie ließen es sich gefallen, daß ihnen die Mafiosi nach und nach sämtliche Rechte in der Verwaltung ihrer Ländereien raubten und selbst an die Stelle der Feudalherren traten.
Sizilien ist ein Land, in dem der Staat strukturell leider unzureichend vertreten ist. Die Mafia wußte diese Lücke auf ihre Art und zu ihrem Vorteil zu schließen und verhinderte somit sogar lange Zeit den Zerfall und die völlige Versumpfung der sizilianischen Gesellschaft. Natürlich verlangte sie als Gegenleistung für ihre Dienste (im eigenen Interesse selbstverständlich) eine Art »Steuer«. Ich sage nicht, daß das gerechtfertigt war. Ich stelle lediglich fest, daß es so war. Wer das Gegenteil behauptet, betreibt schlicht und ergreifend Demagogie und macht den Kampf nur noch schwieriger.
Das Konzept des Parasitismus mußte also überarbeitet werden unter Berücksichtigung der nicht zu vermeidenden Dichotomie des Begriffs der alten und guten und der angeblich neuen Mafia. Nachdem sie ihre Investitionsmöglichkeiten erheblich aufgestockt und erweitert hatten, gelang den Mafiosi, die sich durch eine scharfe Intelligenz, eine enorme Arbeitskapazität und vor allem durch die Fähigkeit, die Arbeit der anderen zu organisieren, auszeichnen, in den letzten zwanzig Jahren ein direkter Einstieg in die legale Wirtschaft — unter Ausnutzung der illegalen Ressourcen.
Daher die Kontinuität zwischen den Mafias... Und leider auch die Kontinuität der mafiosen Verhaltensweisen, auch der in Sizilien und anderswo weit verbreiteten Verhaltensweisen, die allein darauf abzielen, sich des Allgemeinguts zu bemächtigen. Wir kommen gar nicht daran vorbei, uns bewußt zu werden, wie sehr wir uns schon daran gewöhnt haben, dieser Tendenz mit Gleichgültigkeit zu begegnen, und wie sehr

uns diese immer häufiger und überall praktizierten Bemächtigungsmethoden normal erscheinen. Diese schleichende Legitimation bedeutet Öl ins Feuer der Mafia gießen.

Zum Schluß die vermeintliche Haupteinnahmequelle der Cosa Nostra: der Drogenhandel. Man weiß, daß die sizilianische Mafia, allen voran die Familien Cuntrera und Caruana aus Siculiana (Provinz Agrigent), sich in den achtziger Jahren einen Großteil des weltweiten Heroinhandels mit den Vereinigten Staaten unter den Nagel gerissen hat. Doch selbst in der Blütezeit dieses Handels war die Cosa Nostra nicht als Organisation am Handel beteiligt. Die daran beteiligten Mafiosi und Familien taten dies auf eigene Faust.
Dies hatte bedeutende Auswirkungen in bezug auf die Vorgehensweise. Man begriff, daß in diesem Geschäft Unmengen von Nicht-Mafiosi, manchmal sogar Nicht-Italiener, eingesetzt werden konnten, während die Cosa Nostra für wichtige Aktionen ausschließlich Ehrenmänner beauftragte. Man stellte darüber hinaus fest, daß es zwischen dieser Arbeit und beispielsweise dem Leder- und Tierhauthandel in den Augen der Mafia keinen wesentlichen Unterschied gab. Und letztlich begriff man, daß jeder Ehrenmann, der im Drogenhandel arbeitet, das Recht hat, mit Informationen sehr sparsam umzugehen, auch gegenüber anderen Ehrenmännern, sobald es sich um eine Privatangelegenheit handelt. In ein und derselben Familie (Santa Maria di Gesù) arbeiteten die Brüder Stefano und Giovanni Bontate zwar mit dem gleichen Stoff — mit Drogen —, aber jeder für sich.
Die Sizilianer trieben ihre Geschäfte im wesentlichen mit den Amerikanern, weil sie in den Vereinigten Staaten ihre persönlichen Brückenköpfe hatten, die den großen Familien der Insel angehörten. Es gelang ihnen, sich eine Vormachtstellung zu erobern. Hochqualifizierte französische Chemiker gingen nach Palermo, um dort Basismorphin zu verfeinern, natür-

lich, weil sie gut bezahlt wurden und weil sie glaubten, kein besonders großes Risiko einzugehen, vor allem aber, weil der Verbrauchermarkt fest in den Händen der Sizilianer lag. Es war damals praktisch unmöglich — ich rede von den siebziger Jahren —, etwas Ernsthaftes ohne sie aufzubauen.

Während der Ermittlungen im Fall Mariano Piazzo und Giovanni Lo Cascio im Jahr 1987 stießen wir auf Heroin aus dem Mittleren Osten, das zunächst zur Verfeinerung ins Hinterland von Marseille geliefert wurde, bevor es per Schiff nach Miami (Florida) transportiert wurde. Und wen fand man dort zur Übernahme der Ware? Sizilianer aus Palermo. Sie hatten die Aufgabe, das Heroin in den Vereinigten Staaten, wo sie den Markt perfekt organisiert hatten, direkt zu verteilen. Die Dominanz der sizilianischen Mafiosi war besonders in den Jahren zwischen 1983 und 1985 deutlich.

Aber auch hier war die Arbeit sehr stark aufgeteilt. Es gab keinen einzigen Ehrenmann, der sich um Kauf, Verfeinerung und Export in die Vereinigten Staaten zugleich kümmerte. Mehrere Personen waren auf verschiedenen Stufen an dem Handel beteiligt: Um den Kauf kümmerten sich diejenigen, die die Wege der Tabakschmuggler im Mittleren Osten am besten kannten und in direktem Kontakt mit den Produzenten standen. Um die Verfeinerung kümmerten sich diejenigen, die selbst schon ein bestimmtes Spezialgebiet hatten, unterstützt von einigen ausländischen Outsidern — wie eine etwas schwächere Fußballmannschaft, die ausländische Leistungsträger einkauft. Und schließlich die Verkäufer. Die Cuntreras und Caruanas, nach Aussage Buscettas große Heroinhändler in Europa, kümmerten sich anfangs auch um den Transport nach Nordamerika. Später beschränkten sie sich einfach auf den Empfang und die Verteilung der Ware.

Die Situation unterliegt demnach auch Veränderungen. Sowohl quantitativ als auch qualitativ. Vor einigen Jahren noch gewährleistete die Cosa Nostra etwa 30 Prozent des Heroinwelthandels in die Vereinigten Staaten. Nach amerikanischen Schätzungen sind es 1991 nur noch 5 Prozent. Vor einigen Jahren noch wurde Heroin mit einer Reinheit von weniger als 95 Prozent in den Vereinigten Staaten nicht akzeptiert. Heute geben sie sich mit 60 Prozent oder sogar 50 Prozent zufrieden, weil andere Gruppen in den Handel eingestiegen sind: Chinesen, Puertoricaner, Kurden, Türken, Armenier ... Ein unwahrscheinliches Durcheinander.

Zum Rauschgifthandel kommt häufig der illegale Waffenhandel hinzu. Alles ist so aufgesplittert, daß man überhaupt nicht mehr weiß, wer was wohin liefert und was er als Gegenleistung dafür erhält.

Die langsame Abkehr der Cosa Nostra vom Heroinhandel ist an zwei Tatsachen abzulesen: Seit 1985, also seit der Entdeckung des Labors von Alcamo bei Palermo hat man kein einziges Labor mehr in Sizilien, überhaupt in ganz Italien gefunden. Ferner ist weniger Heroin sizilianischer Herkunft sichergestellt worden, ebenso wie die Zahl der Verhaftungen von Mafiosi zurückgegangen ist.

Zum jetzigen Zeitpunkt möchte ich daraus nicht zu viele Schlüsse ziehen, da die Lage weiterhin sehr bewegt bleibt. Vielleicht noch ein Hinweis: Als der »Chemiker« Pietro Vernengo 1987 in Neapel mit neun Kilogramm Rauschgift verhaftet wurde, transportierte er kein Heroin, sondern Basismorphin in verschiedenen Verfeinerungsstadien. Ein potentieller Käufer sollte die Qualität der verschiedenen Verfeinerungsmethoden begutachten. 1990 schließlich wurde bei Lucca (Toskana) ein Sizilianer namens Gabriele Randazzo erneut mit einer Lieferung Basismorphin festgenommen. Die Ware kam ohne Zweifel aus Mailand und sollte in den Süden gehen (um dort verfeinert zu werden?). Daraus kann man ableiten, daß die Situation auf dem Rauschgiftmarkt äußerst konfus ist. Zumindest aber kann man festhalten, daß die Cosa No-

stra, was den Vertrieb des Rauschgifts betrifft, nicht mehr das Monopol innehat.
Was tun die Richter und Fahnder angesichts einer Ladung Rauschgift? Wir müssen jedesmal den Ort, das Produkt, das Verfeinerungsstadium genau analysieren. Ist es sehr feinpulvrig, ist es selbst mit den fortschrittlichsten chemischen Analysemethoden schwierig, Hinweise über die Herkunft des Pulvers zu erhalten. Wenn man jedoch während des Imports oder der Verteilung des Rauschgifts eingreift, liegen die Dinge schon anders. Die angewandte Verfeinerungsmethode kann beinahe als Herkunftsstempel angesehen werden.
Wir haben lange Zeit nicht einzuordnen gewußt, warum bei bestimmten Heroinsorten, die in den achtziger Jahren sichergestellt wurden, Spuren von Tropinbenzilat zu finden waren. Dann gab der *pentito* Francesco Marino Mannoia zu, daß es sich um einen Betrug handelte. Jede für den Verschnitt verwendete Substanz, die den Schmelzpunkt des Heroins (270 Grad bei reinem Heroin) herabsetzt, zeigt dem Käufer die schlechtere Qualität des Heroins an. Er kann sich ausrechnen, daß somit auch sein Gewinn geringer sein wird.
Um dieses Risiko zu umgehen, hat Mannoia sich eine List ausgedacht: Er mischte Tropinbenzilat unter das Pulver. Tropinbenzilat hat den besonderen Vorteil, den Schmelzpunkt nicht herabzusetzen. Somit kann man verschnittenes Heroin als reines Heroin verkaufen. Wenn wir also feststellten, daß das Heroin Tropinbenzilat enthielt, konnten wir sicher sein, daß es aus Sizilien stammte. Inzwischen hat sich die Lage verändert: Heute benutzen auch andere Händler diesen Zusatzstoff.
Ein weiteres wichtiges Merkmal sind die verwendeten Instrumente. Mannoia benutzte zum Beispiel Geräte, die er selbst entworfen, konstruiert und perfektioniert hatte und die ausschließlich für seinen persönlichen Gebrauch bestimmt waren. Somit kann man an vorhandenen — oder eben nicht vorhandenen — Unreinheiten erkennen, woher das Heroin

kommt, wo es verfeinert wurde und welcher Chemiker daran gearbeitet hat.
Der Drogenhandel bringt das Problem der Geldwäsche mit sich: Die Gewinne aus dem Verkauf des Rauschgifts können unmöglich über die offiziellen Kanäle ihren Nutznießern zufließen. Man muß sich also Schleichwege suchen, erstens wegen der Illegalität des Geschäfts, zweitens wegen der eventuell bestehenden Kapitalexportbeschränkungen und drittens wegen der angeborenen Vorsicht der Absender und Empfänger.
Die notwendigen Finanzmanöver zur Rückführung der schmutzigen Gelder in die Heimat können nicht im vollen Umfang von den Organisationen selbst bewältigt werden — dazu fehlen ihnen die notwendigen Fachkenntnisse. Diese Funktion übernehmen internationale Finanzexperten. Man nennt sie die »Weißen Kragen«. Sie stellen sich in den Dienst des organisierten Verbrechens und transferieren Kapital illegaler Herkunft in gastfreundlichere Länder, die sogenannten Steuerparadiese.
Es erfordert stets viel Zeit und Mühe, die Spuren dieser komplizierten Operationen zu verfolgen. Durch die Geldwäsche sollen die Spuren der Reichtümer zu ihrer illegalen Quelle verwischt werden. Dies ist ein Grund, warum die häufig einander entgegenwirkenden nationalen Gesetzgebungen harmonisiert und die Möglichkeiten internationaler Zusammenarbeit gestärkt werden müssen. Italien ist spät dran. Wir fangen ja gerade erst an, uns der Bedeutung der Vermögens- und Bankermittlungen bewußt zu werden. Zur Verbesserung der Lage trägt auch nicht unbedingt unsere neue Strafprozeßordnung bei, die den Abschluß der Ermittlungen innerhalb einer sehr kurzen Frist — nämlich in nur sechs Monaten — mit nur sehr begrenzten Fristverlängerungsmöglichkeiten fordert und verlangt, daß der Verdächtige informiert wird.
In den Zeitungen und Konferenzen verkünden wir, daß die

Geldwäsche über unsere Banken und Geldinstitute in Mailand und anderswo läuft. Aber wie viele von ihnen haben wir identifiziert? Sehr wenige. Wir behaupten, daß die Börse an den Operationen beteiligt ist. Aber wie viele dieser Operationen haben wir aufgedeckt? Keine. Dieses Unwissen ist um so gravierender, als das Geld »die Läufe eines Hasen und das Herz eines Karnickels« hat, wie ein großer Bankier zu sagen pflegte. Das heißt, es rennt, auch wenn es Angst hat. Übrigens genügt oft eine einfache Pressemeldung, in der einige für die Geldwäsche bevorzugte Finanzsektoren genannt werden, und schon werden die Gelder woanders angelegt.

In der Praxis fließen die illegalen Gelder selten in ein einziges Land. Der Kampf gegen die Geldwäsche setzt eine solide Zusammenarbeit der Länder voraus. Sollte es eines Tages gelingen, den kriminellen Organisationen sämtliche Geldanlagemöglichkeiten zu versperren, hätte man ihnen mit Sicherheit einen ihrer Haupttrümpfe abgenommen. Eine der wenigen großen Kapitalermittlungen, die bis jetzt in Italien — wie ich zu meinem Bedauern feststellen muß — durchgeführt wurde, ist 1986 von uns Richtern aus Palermo in Gang gesetzt worden. Sie ist noch nicht vor Gericht verhandelt worden, weshalb ich die Namen der Beschuldigten hier nicht nenne.

1986 erhielt ich den Hinweis, daß auf drei Schweizer Bankkonten eines italienischen Verdächtigen — nennen wir ihn Herrn X — in den Jahren 1981/82 plötzlich bedeutende Kontobewegungen stattgefunden haben, von denen angenommen werden durfte, daß sie im Zusammenhang mit dem Drogenhandel standen. Ich bat die Schweizer Behörden um Akteneinsicht. Diese wurde mir genehmigt. Kurz darauf wurden die Bankkonten abgeräumt.

Ich setzte meine Ermittlungen fort und stellte fest, daß die abgezogene Summe — fünf Millionen Dollar — auf ein Konto bei einer panamaischen Gesellschaft geflossen sind. Diese

hatte sie geteilt: 2,5 Millionen Dollar wurden an eine New Yorker Bank überwiesen und die restlichen 2,5 Millionen Dollar an eine Bank in Montreal. Die Wanderschaft der fünf Millionen Dollar hört hier jedoch noch nicht auf, sondern geht bis 1991 weiter. Die fünf Millionen trudeln auf einmal alle wieder auf einem Konto einer Bank auf Guernsey (Großbritannien) ein, die von der illegalen Herkunft des Geldes natürlich nichts weiß. Auf Anweisung des Herrn X verteilt diese Gesellschaft die fünf Millionen Dollar auf fünf Bankkonten. Von dort fließen sie zurück in die Schweiz, wo sie — zufällig? — auf einer Bank landen, die direkt neben derjenigen liegt, die ursprünglich unseren Verdacht erregte.
Wieder bat ich um Zusammenarbeit mit den Schweizer Behörden. Wieder wurde sie gewährt. So konnte ich feststellen, daß sich die fünf Millionen Dollar inzwischen vermehrt hatten und auf fünfzehn Millionen angewachsen waren, und schon wurden sie wieder auf fünf verschiedene Konten verteilt. Ihre unglaubliche Reise endete erst 1991, als ein Schweizer Staatsanwalt die Beschlagnahme der Gelder veranlaßte.
Was können wir daraus schließen? Daß Ermittlungen dieser Art seitens des Richters perfekte Kenntnisse der Bankverfahren, jahrelange Arbeit und eine hervorragende Zusammenarbeit mit den ausländischen Regierungen erfordern. Ohne die Hilfe und Unterstützung der Schweizer Behörden und Richter hätte ich meine Ermittlungen nicht zum Erfolg führen können. In völligem Widerspruch zu dem, was man sich so erzählt, ist die Schweiz eines der Länder, mit denen die Zusammenarbeit bestens funktioniert. Sie hat nämlich eines begriffen: Die Zeiten sind vorbei, in denen man hoffen durfte, daß man das schmutzige Geld zwar behalten, sich die Mafiosi aber vom Leibe halten konnte. Inzwischen sind Geld und Präsenz der Mafiosi und ihrer Mafiamethoden unmittelbar miteinander verknüpft. Auch wenn die jüngsten gesetzlichen Maßnahmen der Schweiz (Namenkontenregelung beispiels-

weise) leicht umgangen werden können, so sind letztlich doch die Entschlossenheit und die Tatkraft der Behörden entscheidend.
Natürlich habe ich — wie fast alle Richter, die mit Ermittlungen dieser Art betraut sind — in den meisten Ländern, die vom Heroinhandel und von der Geldwäsche betroffen sind, Kontaktleute. Zu den Franzosen habe ich gute persönliche Kontakte, insbesondere was die Rechtshilfe betrifft: Der Richter Debaq aus Marseille ging wegen der Verhöre Antonino Calderones monatelang auf dem Zahnfleisch, der Richter Sampieri wegen der Sache Michele Zaza. Die guten Beziehungen mit Frankreich stolpern über die Auslieferungsanträge — ein Erbe aus den Jahren des Terrorismus, als bei uns die Mitgliedschaft in einer »subversiven terroristischen Vereinigung« als Straftat galt, die französische Rechtssprechung dies jedoch nicht anerkannte.
Ich erinnere mich, daß ich 1983 extra nach Créteil zum Gericht fuhr, um Francesco Gasparini, der in Frankreich mit sechs Kilo Heroin verhaftet worden war, zu verhören. Er war gerade aus Thailand gekommen und wollte weiter nach Italien. Meine Kollegen in Paris meinten: »Es hat keinen Sinn, daß du herkommst. Der redet sowieso nicht.« Ich kam trotzdem, und durch einen mir unerklärlichen, glücklichen Zufall entschloß sich Gasparini am Tag nach meiner Ankunft, mit mir zu reden.
Die Zusammenarbeit mit Frankreich läuft also gut. Die Zusammenarbeit mit den Vereinigten Staaten ist hervorragend. Wir haben es zwar mit einer amerikanischen und mit einer italienischen Cosa Nostra zu tun, die sich aber alles in allem immer noch sehr ähnlich sind in bezug auf Mentalität und Methoden.
Mit Kanada, Großbritannien, Spanien und Deutschland funktioniert die Zusammenarbeit ordentlich. Schwieriger ist es mit Thailand, Ägypten und Israel, obgleich es Debaq und

mir gelungen ist, einen Prozeß aufzuziehen, in den Israelis verwickelt sind.
Man kann nicht von Profitquellen der Mafia reden, ohne auch die höchst einträglichen Auftragsvergaben und Weitervergaben zu erwähnen. Ich frage mich sogar, ob sie nicht den Hauptposten der Bilanz der Cosa Nostra ausmachen. Die Kontrolle über die öffentlichen Ausschreibungen hat zwar eine jahrzehntelange Tradition. Ihr heutiger Umfang ist jedoch sehr beeindruckend. Es spielt keine Rolle, ob es ein sizilianisches, kalabrisches, französisches oder deutsches Unternehmen ist, das den Zuschlag erteilt bekommt: Ein Unternehmen, das auf Sizilien arbeiten will, muß sich einer Reihe von Bedingungen unterwerfen. Das ist ein ganz typischer Aspekt der Gebietskontrolle, wie sie von der Mafia praktiziert wird.
Die Ausschreibungen werden schon im Vorfeld entsprechend aufbereitet, da die Mafiabauunternehmer die mit der Auftragsvergabe betrauten Männer bestens kennen. Aber auch später, bei der Ausführung der Arbeiten, wird gemauschelt. Alle, die in Sizilien und im Mezzogiorno mit Hoch- und Tiefbauarbeiten zu tun haben, wissen genau, bei wem sie ihr Material bestellen müssen und bei wem nicht. In den siebziger Jahren hat der Bau eines Deiches am Fluß Olivo in der Provinz Enna durch das Unternehmen Graci aus Catania eine beachtliche Mordserie ausgelöst. Was war passiert? Eine örtliche Verbrecherfamilie — nicht Mitglied der Mafia — hatte versucht, ihre Lieferanten durchzusetzen, während die Cosa Nostra Anspruch auf ein Exklusivrecht erhob, das Unternehmen Graci »zu schützen«.
Es verwundert daher nicht, wenn die mafiosen Unternehmen immer stärker die Kontrolle über die öffentlichen Ausschreibungen direkt ausüben, wie der Soziologe Pino Arlacchi aufzeigt. Sie verfügen über einen einzigartigen Trumpf: die Fähigkeit, jegliche Konkurrenz durch Einschüchterung und Ge-

walt abzuschrecken; die Möglichkeit, ebenfalls durch Gewalt, sowohl die Tarifverträge für das Bauwesen als auch die Arbeitssicherheitsbestimmungen zu umgehen; die Möglichkeit, an besonders günstige Kredite heranzukommen beziehungsweise diese gar nicht in Anspruch nehmen zu müssen, weil man mit schmutzigen Geldern aus dem Drogenhandel investieren kann.

Diese Verpestung der legalen Wirtschaft ist eine der politischen und moralischen Hauptmotivationen im Kampf gegen die Mafia. Das Beispiel der öffentlichen Ausschreibungen hat schließlich dazu beigetragen, daß die ganzen Theorien über den sozialen und wirtschaftlichen Aufschwung Siziliens, der automatisch das Verschwinden der Mafia bedeuten würde, verworfen wurden. Die Mafia hat es verstanden, auf den fahrenden Zug der Entwicklung aufzuspringen und ihre Wirkung in andere Bahnen zu lenken.

Unter diesen Umständen sehe ich keine andere Möglichkeit zur Verbesserung und Erholung der Lage, als wenigstens die Grundvoraussetzungen für ein Zusammenleben der Bürger zu schaffen, eine Art »Gesellschaftsvertrag«, wie Rousseau sagen würde. Eine der wichtigsten Klauseln dieses Vertrags ist die Gewährleistung der Justiz und der Verbrechensbekämpfung. Wenn dies nicht gelingt, ist es sinnlos, sich etwas vorzumachen oder sich an die großherzige Theorie der quasi magischen Beseitigung der Mafia durch den Fortschritt zu klammern.

Im Augenblick sind wir an einem Punkt angelangt, an dem jede wirtschaftliche Hilfe durch den Staat möglicherweise nur erneut Raum für neue Spekulationen von seiten der Mafia schafft und das Nord-Süd-Gefälle verstärkt. Jeder Beitrag fällt in ein Faß ohne Boden. Einzig eine Politik der finanziellen Anreize kann, wenn sie ernsthaft durchgezogen wird, günstige Auswirkungen haben.

Die Entscheidung für diese oder jene Form der Unterstüt-

zung steht natürlich in engem Zusammenhang mit einer typisch kurzfristigen Politik im Vorfeld von Wahlen, einer Politik, deren Horizont nicht weiter als ein paar Wochen oder Monate reicht: Für die Parteien ist der Mezzogiorno meist nur ein großes Stimmenreservoir. Aber wie lange kann das noch so weitergehen? Bis zu welchem Punkt kann die »Meridionalität« bestimmter Parteien noch gehen? Und was geschieht auf der Ebene der Gemeinschaft?
Nicht umsonst gibt es die Theorie der zwei Italien: Ein »europäisches« Italien im Norden und ein »afrikanisches« Italien im Süden. Sie kann nur durch die Unterdrückung der Mafia und durch die Wiederherstellung der staatlichen Autorität als Voraussetzung für den Fortschritt nachhaltig entkräftet werden.
In Sizilien und Kalabrien nehmen die Prozesse wegen Betrugs der Europäischen Gemeinschaften überhand. Die EG-Kommission hat Beschwerde eingereicht. (Sie hat Zahlen vorgelegt, nach denen die Betrugsrate in diesen Regionen siebenmal höher liegt als der europäische Durchschnitt.) Wir kennen jedoch noch nicht einmal die genaue Anzahl solcher Prozesse, noch wissen wir, vor welchen Gerichten sie verhandelt werden und wie sie ausgehen!
Zu diesem Thema erzählte mir der *pentito* Salvatore Contorno eine ebenfalls bezeichnende Geschichte. Die Gemeinschaft gewährt Ausgleichszahlungen für die Vernichtung der Überschußproduktion von Zitrusfrüchten. Jeder innerhalb der Cosa Nostra weiß, sagt Salvatore Contorno, daß die Mafia bis zum Hals in diesem Geschäft steckt.
Andere versicherten mir, wenn alle Lastwagenladungen mit Zitrusfrüchten, die angeblich zum Einstampfen gefahren wurden, wirklich eingestampft worden wären, dann hätte eine Insel wie Sizilien, auch wenn auf ihr nichts anderes wachsen würde als Orangen- und Zitronenbäume, nicht ausgereicht, um diese Mengen Überschüsse zur Vernichtung zu produzieren ... Wer aber hat die genauen Zahlen?

Die Mafia muß also zunächst aus sozialen und wirtschaftlichen, nationalen und internationalen Gründen bekämpft werden, aber auch, weil sie ein Machtsystem außerhalb des Staates darstellt, ein Machtsystem, das bestrebt ist, trotz oder gerade wegen des Staates zu überleben. Weil sie, bar jeglicher gesetzlichen Grundlage in der Gesellschaft, Regeln aufstellt und Sanktionen verhängt. Um es noch einmal zu sagen, die Mafia muß nicht um ihrer Werte willen, die in einer im Zerfall befindlichen Gesellschaft durchaus nützlich erscheinen mögen, bekämpft werden, sondern wegen ihres Wesens an sich: Es kann in einer Gesellschaft keine zwei Rechtsstaaten geben.

[illegible]

[illegible]

[illegible]

[illegible]

[illegible]

[illegible]

[illegible]

[illegible] Fundamentalen [illegible]

[illegible]

[illegible]

[illegible]

6. Macht

Vor einigen Jahren geschah in Palermo ein schwerer Mord. Ich war gerade tief versunken in düstere Gedanken, als mein Telefon klingelte. Am Apparat war der damalige Hohe Kommissar für den Kampf gegen die Mafia. Er sagte zu mir: »Was sollen wir uns jetzt noch einfallen lassen?«
Ein anderes Mal waren an einem Tag gleich mehrere Straftaten begangen worden, alle in Palermo. Daraufhin rief mich der Innenminister an. Er war völlig außer sich: »Was geht da vor? Was tun Sie überhaupt?« schrie er, als wäre ich für die Zuspitzung der Kriminalität verantwortlich ...
Diese Episoden zusammen mit tausend anderen sind charakteristisch für das Engagement des Staates im Kampf gegen das organisierte Verbrechen: emotional, sporadisch, unbeständig. Einzige Motivation ist die Sorge, welche Wirkung dieses oder jenes Verbrechen oder — umgekehrt — diese oder jene Maßnahme der Regierung auf die öffentliche Meinung haben wird. Das ist äußerst kurzsichtig.
Im Ausland fragt man sich oft: Wie ist es möglich, daß ein Staat wie der italienische nicht in der Lage ist, die Mafia in den Griff zu bekommen? Diese Frage wird mir immer und immer wieder gestellt.
Es gibt viele Gründe dafür. Abgesehen von dem zutiefst ernst zu nehmenden Charakter der *Organisation* — diese Aussage, glaube ich, hoffe ich, wird in diesem Buch am stärksten deutlich; sie ist für uns Italiener zumindest eine nicht zu leugnende Tatsache: Die Cosa Nostra ist so stark wie eine Kirche; in all ihren Aktionen versprüht sie ihre Ideologie; und nicht um-

sonst nennt sie einen ihrer Bosse, nämlich Michele Greco, der zur Zeit im Gefängnis sitzt, den »Papst«! Also abgesehen davon darf man nicht vergessen, daß der italienische Staat noch recht jung ist: Er ist kaum älter als hundertdreißig Jahre, während der französische Staat tausend Jahre alt und hyperzentralisiert ist. Ein schwacher, junger, dezentralisierter Staat, der aus vielen Provinzen und Kirchtürmen zusammengesetzt ist, kann auf nationaler Ebene keinen Kampf organisieren, der dem eines französischen, britischen oder sogar amerikanischen Staates gleichkäme.

Hinzu kommt, daß dieser Staat zweiundzwanzig Jahre lang faschistisch regiert wurde, was jegliche demokratische Dialektik unterbunden hat. Auch heute noch entwickelt sich diese Dialektik in Italien nur zögernd. Seit der Befreiung liegt das Machtmonopol in den Händen einer einzigen Partei, der Democrazia Cristiana, natürlich zusammen mit wechselnden kleineren Bündnisparteien. Und im Kampf gegen die Mafia verstand es nicht einmal die Opposition selbst, ein zuverlässiger Verbündeter zu sein, weil sie dazu neigte, den politischen Kampf gegen die Christdemokraten mit dem gerichtlichen Kampf gegen die Cosa Nostra zu verwechseln. Oder sie versuchte, sich irgend etwas vorzumachen: »Solange diese Regierung und diese Männer an der Macht sind, wird man nichts gegen die Mafia ausrichten können.«

Die Lähmung bestand damit beiderseits. Die Führungsschicht war sich des Ärgers und der Unannehmlichkeiten bewußt, die mit dem Versuch verbunden gewesen wären, der Mafia entschlossen Stirn zu bieten. Sie wußte auch, daß man kurzfristig keinen Erfolg erwarten konnte. Sie redete sich daher ein, daß man kurzfristig zwar alles verlieren, aber nur wenig gewinnen könnte, wenn man sich aufs Schlachtfeld begeben würde. Und sie bildete sich ein, eine Kriminalität von unvergleichlicher Schärfe mit gewöhnlichen Mitteln bekämpfen zu können. Ohne eine allgemeine, dauerhafte und konstante

Mobilisierung des gesamten Polizeiapparates und der Bevölkerung. Die Politiker haben damit das Problem völlig unterschätzt. Sie ließen sich dazu hinreißen, Notstandsgesetze zu verabschieden und Sondereinrichtungen zu schaffen, die im Prinzip dem Antimafia-Kampf neuen Schwung geben sollten. In der Praxis haben sie lediglich die Verantwortung, die sie selbst hätten wahrnehmen müssen, einer getrennten Struktur übertragen, die meistens unzureichend ausgestattet und unfähig war, überhaupt eine Maßnahme zur Verbrechensbekämpfung zu koordinieren.

Dieses berühmte Hohe Kommissariat für den Kampf gegen die Mafia, das aus dem Entsetzen über die Ermordung General Dalla Chiesas heraus geschaffen wurde, ist ein besonders gutes Beispiel dafür: Das Innenministerium und die Regierung verstanden es seither bestens, auf das Hohe Kommissariat alles abzuwälzen, was schlecht gelaufen war, und ihm die Verantwortung für alle Mißerfolge zuzuschieben.

Die Gesetze, die es Italien ermöglichen, gegen das organisierte Verbrechen vorzugehen, sind im europäischen Vergleich sicherlich einzigartig. Im Vergleich zu den Vereinigten Staaten jedoch nicht so sehr. Im italienischen Gesetz ist bereits die Zugehörigkeit zu einer Organisation, deren Ziel es ist, Verbrechen zu begehen, eine Straftat. Es wäre natürlich wünschenswert, daß, wenn ein Verbrechen begangen wurde und bewiesen werden kann, wer die Tat ausgeführt hat, ein *pentito* in den Zeugenstand träte und bestätigen würde: »Dieser Mann ist Mitglied der Cosa Nostra.« Das wäre der Idealfall! In der Praxis verhält es sich jedoch anders: Die *pentiti* begnügten sich in der Regel damit, Licht auf Persönlichkeiten zu werfen, deren direkte Beteiligung an einem Verbrechen nicht nachzuweisen war, auch wenn sie uns als Mitglieder der Cosa Nostra angezeigt wurden. Sie enthüllten diejenigen Verbindungsnetze der Mafia, die nicht immer schuldig im Sinne des Strafgesetzes waren, solche, die der *pentito* Contorno die

faccie pulite, wörtlich übersetzt: die sauberen Gesichter, nannte.
Wie wurde in letzter Zeit vorgegangen, wenn wieder so etwas wie die Ermordung des Staatsanwalts Scaglione und des Capitano Basile passiert war? Man ermittelte in alle Himmelsrichtungen. Man fand jedoch nicht genügend Beweise, um ernsthaft eine Anklage wegen Mordes erheben zu können. Man entdeckte lediglich den Nährboden, der das Verbrechen möglich machte. Also verfolgte man die Angeklagten wegen Mitgliedschaft in einer »Verbrecherbande«. Das war der normale Gang der Dinge: Ein »auserlesenes Verbrechen« (*crimine eccellente*, ein Begriff, den man seit Francesco Rosis Film *Cadavari eccellente* — deutscher Titel: *Die Macht und ihr Preis* — für den Mord an einer Persönlichkeit der Politik oder einer staatlichen Einrichtung verwendet), danach die obligatorische Einleitung des Strafverfahrens nach den Bestimmungen unseres Strafgesetzes, die Anwendung des Artikels »Straftat der Mitgliedschaft« und fertig. Man stellte Angeklagte vor Gericht und vermittelte der Öffentlichkeit den Eindruck, man täte etwas. In Wirklichkeit gipste man damit ein Holzbein. Eines Tages dann setzte man die mutmaßlichen Täter wieder auf freien Fuß, weil sie ihre Strafe für die Mitgliedschaft in einer kriminellen Vereinigung abgebüßt hatten oder weil sie freigesprochen wurden. Da capo.
Das berühmte La-Torre-Gesetz, das 1982 verabschiedet wurde und die Mitgliedschaft in der Mafia als Straftat einführt, ermöglicht die strafrechtliche Verfolgung typischer Mafiamethoden über die tatsächlich begangenen Straftaten hinaus. Denn die Mafia bedient sich eigentümlicher Methoden, wie der Einschüchterung und Beeinflussung der Opfer und dem Zwang zur Einhaltung der *omertà*, dem Gesetz des Schweigens, welche nach den üblichen Kriterien der Rechtssprechung nicht strafbar sind. Mit dem La-Torre-Gesetz werden sie es: Die Anhäufung eigentlich nicht strafbarer Hand-

lungen kann eine Anklage wegen »Mitgliedschaft in einer mafiosen kriminellen Vereinigung« begründen.
Ich erinnere mich, daß im Verlauf des zweiten Maxi-Prozesses der *pentito* Vincenzo Marsala und andere von einem gewissen Doktor Vincenzo Buongiorno sprachen, der lange außerhalb Siziliens, in Mailand — um genau zu sein —, gelebt hatte. Sie beschuldigten ihn, Mitglied der *Organisation* zu sein und Ehrenmännern geholfen zu haben. Sofort stellten sich ein Dutzend Mailänder Ärzte schützend vor ihren Kollegen, der wegen seiner besonderen beruflichen Ehrenhaftigkeit bekannt war, etc. etc. Trotzdem wurde er wegen »Mitgliedschaft in einer mafiosen Vereinigung« verurteilt. Was hatte er getan? Nach Aussage Marsalas nahm er an den Versammlungen der Cosa Nostra teil, also wurde Buongiorno verurteilt. Man kann nicht einmal behaupten, er sei von einem übereifrigen Richter verfolgt worden.
Um es noch einmal zu sagen: Das La-Torre-Gesetz wurde geschaffen, um den Mangel an Beweisen auszugleichen, der auf die zu geringe Kollaborationsbereitschaft der Bürger zurückzuführen ist und auf die mit den Mafiaprozessen einhergehenden Schwierigkeit, andere Zeugenaussagen zu bekommen als die der Opfer oder der Täter. Das Ergebnis aber ist folgendes: Was als Anstoß für Ermittlungen dienen sollte, reicht nun zu einer Verurteilung aus.
Mit der neuen Strafprozeßordnung, die 1989 in Kraft getreten ist, hat sich alles geändert. Es ist jetzt schwieriger geworden, das alte Delikt der Mitgliedschaft in einer kriminellen Vereinigung als solches zu verfolgen. Man muß sich also mehr auf die Suche nach »spezifischen Straftaten« konzentrieren. Jetzt, da der Beweis — wie in den angelsächsischen Prozessen — während der Verhandlung erbracht werden muß, ist man gezwungen, wenn ein *pentito* beispielsweise einen Angeklagten beschuldigt, Mitglied der Cosa Nostra zu sein, noch während der Verhandlung zu beweisen, daß es eine

Organisation mit Namen Cosa Nostra gibt. Diese Forderung macht es besonders schwer, künftig einen wegen der Mitgliedschaft in einer mafiosen Vereinigung Angeklagten strafrechtlich zu verfolgen.

Das La-Torre-Gesetz ist natürlich nicht auf diesen Aspekt beschränkt. Es bleibt darüber hinaus von ungeheurem Nutzen für alle Ermittlungen im Zusammenhang mit dem Vermögen der angeklagten Mafiosi. Bei richtiger Anwendung ermöglicht es dem Richter, die Angeklagten einzuordnen: einerseits diejenigen, bei denen die Beweise für die Mitgliedschaft in einer mafiosen Vereinigung und die Beteiligung an mafiosen Verbrechen eindeutig sind; andererseits jene, bei denen die Beweise zwar lückenhaft sind, der Verdacht einer Mitgliedschaft jedoch ausreichend begründet ist. Bei letzteren verfügt der Richter über die Möglichkeit, vorbeugende Maßnahmen bezüglich der Person und des Vermögens zu treffen, bis die Straftat bewiesen ist. Das La-Torre-Gesetz ermöglicht die Sicherstellung des illegal erworbenen Vermögens und trifft sie an ihrem wundesten Punkt: ihrem Reichtum und ihren Gewinnen.

Dies alles zeigt, daß es selbst mit unserem komplexen — und manchmal widersprüchlichen — Gesetzes- und Vorschriftenschatz durchaus möglich ist, auch bei Straftaten ohne Täter und bei Ermittlungen ohne Beweise wirksame strafrechtliche Maßnahmen einzuleiten. *Irgend etwas kann man immer machen*: Das ist die Maxime, die man auf den Sessel eines jeden Polizeibeamten und eines jeden Richters schreiben sollte. Sie sollen sich nicht in allzu leichte Gemeinplätze flüchten können und glauben, erst müßten sich die Gesellschaft, die Mentalität und die Entwicklungsbedingungen ändern, bevor man anfangen könne, die Mafia zu bekämpfen, die hauptsächlich ein wirtschaftlich-soziales Phänomen sei — was sie natürlich auch ist. In meinen Augen sind solche Aussagen falsch. Die Strafverfolgung genießt Priorität! Und ich betone nochmals, daß man sich unbedingt von solch zweifelhaften Theorien lösen muß, die die Mafia als Begleiterscheinung der Unterentwicklung hinstellen, obwohl sie in Wirklichkeit eine Synthese aller nur denkbaren Formen ist, gesetzlich nicht autorisierte Profite zu erzielen. Räumen wir daher ein für allemal mit dem blinden Glauben an ein angeblich kulturelles, wirtschaftliches und soziales Wachstum als Voraussetzung für den Antimafia-Kampf auf. Dieser Glaube ist nicht unnütz und darf auf keinen Fall denjenigen als Alibi dienen, die sich gerne einreden, man könne nichts tun.

Man muß sich klarwerden, daß man noch lange mit dem organisierten Verbrechen in der Art der Mafia zu tun haben wird. Noch lange, ja, aber nicht ewig, denn die Mafia ist ein menschliches Phänomen, und wie alles Menschliche hat auch sie einen Anfang, einen Höhepunkt, und wird auch ein Ende haben. Das organisierte Verbrechen wird immer virulent vorhanden sein. Selbst wenn man es im Griff hat, wird man stets gegen diese durchschnittliche Kriminalität zu kämpfen haben, die allen entwickelten Gesellschaften zu eigen ist.

In Anbetracht der Cosa Nostra und dem mafiosen Phänomen in seiner Gesamtheit müssen wir uns im Hinblick auf die Zukunft auch die Frage stellen, mit welchen Mitteln wir eigentlich die Probleme bekämpfen — mit typisch italienischen Mitteln nämlich: Wir produzieren einen Haufen Gesetze.

Wir leiden förmlich unter einer Hypertrophie der Gesetzgebung, die sich durch den vom Terrorismus ausgelösten »Notstand« und die Verwirrung, die seither im Verhalten der Richter herrscht, verschlimmert hat. Es ist jedenfalls bezeichnend, daß, sobald ein schweres Verbrechen stattgefunden hat oder die öffentliche Ordnung ins Schwanken zu geraten droht, mit der Zuverlässigkeit eines Uhrwerks ein Gesetz zur Verschärfung der Strafverfolgung dem Parlament zur Abstimmung vorgelegt wird. Sobald sich die Lage wieder beruhigt hat, kehrt sich natürlich alles wieder zum Alten.

Die Gesetze helfen gar nichts, wenn sie nicht von einem entschlossenen politischen Willen begleitet werden. Dieser Wille bildet sich jedoch nicht, solange sich nicht das ganze Land der Notwendigkeit des Kampfes gegen das organisierte Verbrechen bewußt ist. Aber da liegen die wahren Probleme: nicht in der Gesetzgebung, sondern in der Umsetzung. Der Rahmen und die Strukturen existieren weitgehend. Sie müssen jetzt mit beruflich kompetenten Leuten besetzt werden. Ich beobachte häufig, daß meine Gesprächspartner die Augen verdrehen, wenn ich dieses Problem anspreche. Als hätte ich etwas Unanständiges gesagt.

Professionalität heißt zunächst, erst dann zu handeln, wenn man sich seiner sicher ist. Wenn ein Richter überzeugt ist, daß ein bestimmter Soundso Mafioso ist und an der Ermordung Dalla Chiesas beteiligt war, läßt er ihn erst dann verhaften, wenn er eindeutige Beweise seiner Schuld vorliegen hat. Andernfalls wird der Beschuldigte wieder freigelassen, die Glaubwürdigkeit des Richters wäre damit stark angegriffen und die des Staates um so mehr: Man hätte ein weiteres Mal Stoff für die große »Born-loser«-Justizkomödie geliefert. Es bringt mehr, wenn man sich mit der Verfolgung von zwei oder drei Personen zufriedengibt, obwohl man in tausend Fällen ermittelt hat.

Professionalität in diesem Sinne trägt auch dazu bei, der Mafia klarzumachen, daß Sizilien nicht ihr Hinterhof ist, und somit der Arroganz und der Unverschämtheit des Mafioso, der die Autorität des Staates nicht anerkennen will, den Wind aus den Segeln zu nehmen. Ich glaube, sagen zu können, daß das größte Ergebnis der in den letzten zehn Jahren geführten Ermittlungen in Palermo gerade in diesem Punkt liegt. Wir haben die Aura der Unverwundbarkeit und Unbesiegbarkeit der Mafia zerstört. Selbst wenn die Verurteilten der Maxi-Prozesse wieder auf freien Fuß gesetzt werden und von den 475 Angeklagten nur 47 im Gefängnis bleiben wür-

den, hätten wir zumindest eines bewiesen: Man kann die Mafia vor den Richterstuhl bringen und ihre obersten Köpfe verurteilen.
Dieses Bewußtsein der Verwundbarkeit der Cosa Nostra ist wichtig — auch für die Ermittler. Sie lernen dadurch, daß die Mafiosi auch nur Menschen und auch nur Kriminelle wie viele andere sind und daß sie mit einer effizienten Strafverfolgung auch zu schlagen sind.
Dies erreicht man nicht mit einer Gesetzesansammlung, sondern mit täglich gleichbleibendem Einsatz. Ohne Bluff. Ohne Dilettantismus. Wenn der Kampf, den wir führen, in einen Krieg umschlägt, der wie alle Kriege noch mehr Tote und Verletzte fordert, dann muß man ihn um so ernster nehmen. Von denjenigen, die es mit Täuschungsmanövern versuchten oder die sich wie Ringkämpfer auf dem Jahrmarkt verhalten haben, kam keiner mit heiler Haut davon. Im übertragenen wie manchmal auch im wörtlichen Sinne. Man nenne mir einen einzigen, der so getan hat, als ob er die Cosa Nostra bekämpfte und unbeschadet davongekommen wäre. Oder der sein Amt auf die leichte Schulter genommen hätte und keine Federn lassen mußte. Ich halte es zum Beispiel für absolut untragbar, wenn sich Ordnungskräfte gegenüber einem Verdächtigen nicht völlig korrekt verhalten. Ein Polizeikommissar — das ist tatsächlich vorgekommen —, der zum x-ten Mal eine Hausdurchsuchung bei einem Mafiachef durchführte, der im Gefängnis saß, und sich von dessen Frau anhören mußte: »Man belästigt uns. Bald werden wir völlig ohne Geld dastehen«, erdreistete sich, 500 Lire aus der Tasche zu ziehen und der Frau zu geben. Eine völlig unnötige Demütigung, die lediglich dem betroffenen Kommissar eine kurzfristige Befriedigung verschaffte.
Immer noch im Zusammenhang mit der Professionalität möchte ich noch eine Vielzahl von Fachleuten der Antimafia erwähnen, die trotz ihrer beruflichen Fähigkeiten den Kampf

— oder sogar ihr Leben — verloren haben, weil sie die Gefahr nicht richtig eingeschätzt haben.
Viele der Polizeibeamten und Richter, die ermordet wurden, hatten die Situation unterschätzt oder zu vage analysiert. Es ist schrecklich, so etwas sagen zu müssen. Es entschuldigt natürlich ganz und gar nicht ihre Ermordung. Es sei vielleicht erwähnt, daß ich hier von Freunden und Mitarbeitern spreche, die wirklich an ihr Engagement in der Antimafia glaubten. Aber mit der Cosa Nostra ist nicht zu spaßen. Denn was für uns ein Handwerk, ein Beruf ist, ist für sie eine Frage auf Leben oder Tod. Wenn Mafiosi einen Fehler begehen, zahlen sie dafür. Wenn wir einen Irrtum begehen, lassen sie uns dafür zahlen.
Ein Polizeikommissar liegt ermordet in einem kleinen Hafen in der Provinz Palermo: Er hätte nicht sorglos, ungeschützt und wehrlos mitten im Mafia-Milieu Ferien machen dürfen ... Ein Carabinieri, jung, schön, elegant, spazierte sonntags mit seiner Verlobten am Arm über die am meisten frequentierte Straße seiner Stadt.
Der *pentito* Francesco Marino Mannoia erzählte mir, daß jeder in der Cosa Nostra bestätige, daß die Kommissare Montana und Cassarà sich geschworen hatten, die beiden Super*killer* der Mafia, Mario Prestifilippo und Pino »Scarpazzedda« Greco nicht lebend zu schnappen. Sie hätten, so schien es, ein paar umstrittene Aussagen gemacht und dies vor Leuten, die sie für vertrauenswürdig hielten, die es aber nicht waren. In der Anklagerede zur Ermordung Cassaràs schrieben wir, daß Cassarà von einigen seiner Kollegen an die Mafia verkauft worden war und daß am Tag seines Todes jemand aus seinem näheren Umfeld ein Telefongespräch geführt habe, um die genaue Zeit durchzugeben, wann er das Büro verlassen hatte und wann er voraussichtlich bei seiner Wohnung in der Via Croce Rossa in Palermo eintreffen würde.
Irrtümer in der Einschätzung der Situation findet man zu-

hauf auch bei anderen Polizeibeamten und Richtern: Cesare Terranova, der sich der Gefahr nicht bewußt war, die mit dem Posten des Untersuchungsrichters am Gericht in Palermo, den er 1979 antrat, verbunden war, oder Capitano Basile, der wichtige und erstklassige Ermittlungen im Zusammenhang mit den großen Familien des Palermer Umfeldes führte, aber nicht erkannte, in welches Wespennest er stach.

Und Rocco Chinnici, wird man nun sagen, der Untersuchungsrichter am Gericht in Palermo, den die Mafia 1983 mit Hilfe eines präparierten Wagens, den sie vor seinem Haus geparkt hatten und über Fernsteuerung zündeten, in die Luft gesprengt hat? Rocco Chinnici hatte freilich nichts und niemanden unterschätzt. Er war kompetent und mutig. Außerdem schützte er sich konsequent mit einer Eskorte und einem gepanzerten Fahrzeug. Ja, Rocco Chinnici ist einer der »natürlichsten« und »normalsten« Toten. In seinem Krieg gegen die Cosa Nostra, den er sehr effizient führte, hat es ihn erwischt. Er hat die Schlacht verloren. Die Mafia war leider stärker und geschickter als er.

Und dennoch, wenn ich zusammenfasse und die Namen derer, die gefallen sind, aufzähle, muß ich feststellen, daß die Zahl der Morde, die hätten verhindert werden können, weitaus größer ist als die Zahl der, sagen wir, für unsere Art von Tätigkeit »physiologischen« oder »normalen« Morde. Manchmal denke ich, sie wären sowieso gestorben. Manchmal erfaßt mich Zorn bei dem Gedanken, daß man es denen »auf der anderen Seite« so leicht gemacht hat.

Die Professionalität besteht auch darin, Fallen aus dem Weg zu gehen. In meinem näheren Umfeld hat man nicht immer Verständnis für meine besondere Sorge um meine Sicherheit aufgebracht: Für mich ist das die oberste Regel, wenn man sich entschlossen hat, den Krieg gegen die Mafia aufzunehmen. Man hat viel über meine Eskorten, meine Geheimnis-

krämerei, mein zurückgezogenes Leben und das Wachhäuschen vor meiner Wohnung in der Via Notarbartolo in Palermo gemunkelt. Man schrieb, ich führe von einem zum anderen Bunker, vom Justizpalast ins Palermer Gefängnis, vom Palermer Gefängnis in meine Wohnung, die auch nur ein Gefängnis sei. Manchmal dachte man, ich würde diesem Problem zuviel Bedeutung beimessen. Das glaube ich nicht. Ich weiß, welches Risiko ich eingehe, wenn ich diesen Beruf ausübe, und in welcher Gefahr meine Kollegen sich befinden. Es ist einfach nicht gerecht, der Mafia ein Geschenk zu machen, indem man eine leichte Zielscheibe abgibt.
Um der Cosa Nostra die Sache eben nicht leicht zu machen, haben wir im Antimafia-Pool wie Zwangsarbeiter gelebt: Wecken vor Sonnenaufgang, um nochmals die Akten durchzugehen, bevor man zum Gericht fuhr; zu Hause waren wir meist nicht wieder vor 22 Uhr, selten vor 20 Uhr. Manchmal verbrachten wir sogar unsere Ferien im Gefängnis. Zum Beispiel 1985, als wir in Asinara auf Sardinien in einem Gefängnis die Anklageschrift für den Maxi-Prozeß formulierten.
Ich bereue dieses anomale Leben nicht. Heute stelle ich allerdings bei meinen Kollegen eine durchaus verständliche Sehnsucht nach einer Rückkehr zur Normalität fest: weniger Schutz, weniger Eskorten, weniger strenge Auflagen bei Reisen. Ich hingegen fürchte eher die Konsequenzen, die sich aus dieser Haltung möglicherweise ableiten werden: weniger Ermittlungen, weniger Biß, weniger Ergebnisse. Und ich befürchte, daß die Justiz langsam wieder zu ihrer alten Aufgabenteilung zurückkehren wird: auf der einen Seite die Mafiosi, die ihre Arbeit tun, auf der anderen Seite die Justiz, die ihre Arbeit mehr oder weniger gut erledigt, und unterm Strich die spürbare Ohnmacht des Staates. Nichts wäre schrecklicher, als in den Verhören wieder die alte Ironie und Arroganz der Mafiosi von früher zu hören!
Die Professionalität beinhaltet auch, daß die Ermittlungen

nicht in den Händen einer einzigen Person liegen dürfen, sondern die Frucht der Arbeit eines Teams sein müssen. Die übertriebene Personifizierung ist nach der Leichtfertigkeit die größte Gefahr, der sich die Antimafia-Kräfte aussetzen können. Ich denke an General Dalla Chiesa. Er war allein. Er hatte nicht einmal genügend Zeit, um sich der militärischen Macht der Mafia voll bewußt zu werden.

Im Februar 1982 trat ein Anwalt in mein Büro und bat im Namen des Generals um Erhebung der Anklage in der Sache Spatola, deren Ermittlungen ich gerade abgeschlossen hatte. Somit erfuhr ich, daß er vorhatte, nach Palermo zu kommen. Aber danach hat er kein einziges Mal erkennen lassen, daß er mich oder andere Ermittlungsrichter zu treffen wünsche. Am 30. April kam er in Palermo an. Es vergingen die Monate Mai, Juni und Juli — inzwischen hatte er geheiratet —, dann kamen die Ferien im August. Am 3. September wurde er ermordet. Er hatte gerade noch Zeit, die Trägheit des Verwaltungsapparates mitzuerleben. Seine ganze Arbeit, darunter auch sein berühmtes Interview mit dem Journalisten Giorgio Bocca der *Repubblica*, ist eine unermüdliche und überzeugende Forderung nach umfangreicheren Mitteln. Über die Informationen, die er gehabt hat, verlor er nicht ein Wort.

Er wollte auch, daß der von Kommissar Ninni Cassarà — nach eigenen Angaben — aufgesetzte »Bericht der 162« am 13. Juli 1982 der Staatsanwaltschaft übergeben werde. Der 13. Juli war der Jahrestag des Prozesses der 114, der am 13. Juli 1974 begonnen hatte und mit einer schweren Niederlage des Staates endete. Abgesehen von einigen Reisen in die Provinz und einigen Besuchen in Schulen und Gymnasien war dies der Hauptbestandteil seiner Tätigkeit, die sich auf die Jagd nach Informationen beschränkte. Dabei gab es in dieser Zeit viele Neuerungen und viele kompetente Leute: sowohl im Bereich der Polizei als auch bei den Carabinieri und den Richtern.

Warum aber wurde er dann getötet? Weil er in jedem Fall sehr gefährlich war. Nicht wegen der Aktualität seiner Kenntnisse, sondern wegen des sehr stark personifizierten und kämpferischen Charakters, den er seiner Arbeit als Präfekten von Palermo verlieh. Wenn man bedenkt, daß das Moped, das bei seiner Ermordung verwendet wurde, bereits im Juni 1982 gestohlen worden war und erst wenige Kilometer gefahren war — kaum die notwendigen Kilometer, um die üblichen Wegstrecken des Generals zu kontrollieren und zu überprüfen —, wird man bald zu dem Schluß kommen, daß sein Mord schon sehr früh beschlossen worden war.
Dalla Chiesa war gefährlich, weil er seinen ganzen Einfluß und sein Gewicht in sein neues Amt investiert hatte und somit entscheidende Ergebnisse erzielen würde. Man kann sich die Besorgnis der Cosa Nostra gut vorstellen, wenn man sich an die Entschlossenheit erinnert, mit der Dalla Chiesa den Kampf gegen den Terrorismus aufgenommen hatte, um den Gegner zu schlagen und die Autorität des Staates wieder herzustellen. Sie mußte also schon ganz am Anfang seinen Tod beschlossen haben.
Als Dalla Chiesa in Palermo ankam, lobten die Zeitungen seine berufliche Kompetenz, seinen Mut und seine allzu große Ungeniertheit in alle Himmel. Später wunderten sie sich, daß er zum Zeitpunkt seiner Ermordung, trotz der Bedeutung seines Amtes, ohne Eskorte unterwegs war. Das gleiche warf man auch dem Richter Antonio Scopelliti vor, der am 9. August 1991, während seiner Ferien, die er ohne Begleitschutz in Kalabrien verbrachte, getötet wurde. Der Vorwurf der mangelnden Vorsicht ist klassischer Bestandteil der Kommentare nach einem *crimine eccellente*, einem auserlesenen Mord.
Ich lege trotz allem größten Wert darauf, daß man ernsthaft über die Konsequenzen nachdenkt, die sich für all jene, die am Kampf gegen die Cosa Nostra beteiligt sind, daraus erge-

ben. Wenn man die Einheit und Autorität des Staates auf feindlichem Gebiet vertreten soll, bleibt man es sich selbst schuldig, unverwundbar zu sein. Natürlich im Rahmen des vernunftmäßig Zulässigen.

Ich bin ferner von der Notwendigkeit eines weiteren Imperativs überzeugt: Man muß einheitliche Strategien entwickeln und einheitliche (oder zumindest koordinierte) Entscheidungszentren auf der Ebene der Staatsanwaltschaft einrichten. Die Verfahren müssen schnell gehen, der Strafvollzug muß effektiv sein, und die Einleitungs- und Kontrollzentren der Ermittlungen müssen koordiniert werden. Die Vorteile: Das Alibi der Richter, die sagen: »Ich habe keine Zeit, mich um diese Ermittlungen zu kümmern«, fällt weg, da sie sich ausschließlich mit Verbrechen der Mafia zu befassen haben, und ihre Professionalität wird erhöht, weil sie gezwungen sind, sich zu spezialisieren. Die Nachteile: Je stärker eine Struktur vereinheitlicht ist, desto leichter läuft man Gefahr, daß sie von den politischen Mächten beeinflußt wird, die versucht sind, zu den einen Ermittlungen ja, zu den anderen nein zu sagen. Das ist zwar ein Risiko, aber Koordination und Effizienz sind die einzig wahren Garanten für Unabhängigkeit.

Ein Beispiel: Wenn die Regierung heute breit angelegte Ermittlungen über den derzeitigen Trend der Mafia, die Situation auf dem europäischen Kokainmarkt oder die bevorzugten Investitionen der Mafiosi anstrengen wollte, sie hierzu überhaupt keine Möglichkeiten hätte, da sie sich nicht auf ein koordiniertes Entscheidungs- und Kontrollzentrum stützen könnte. Aber nur ein solches Zentrum wäre fähig, den einzelnen Staatsanwaltschaften eine Richtlinie an die Hand zu geben wie beispielsweise: »Konzentrieren Sie ihre gesamten Kräfte verstärkt auf den Kokainhandel statt auf Sittlichkeitsdelikte.« Zur Zeit allerdings, möchte ich betonen, hätte die Regierung überhaupt keine Chance, selbst wenn sie eine Ent-

scheidung dieser Art träfe. Denn der Staatsanwalt von Frosinone oder von Padua oder von anderen Orten kann ganz allein und unter Berufung auf die Autonomie der Richterschaft entscheiden: »Ich kümmere mich im Augenblick um die Auftragsweitervergabe und nicht um den Kokainhandel.« Und niemand kann etwas dagegen tun.
Genausowenig kann jemand etwas gegen einen Staatsanwalt von Bozen unternehmen, der beschlossen hat, einen Rauschgifttransport in seiner Stadt abzufangen, obwohl es wünschenswert wäre, wenn die Ladung ihren Empfänger erreichen würde. Stellen wir uns diese Situation vor. Das amerikanische Drogendezernat DEA informiert Italien, daß eine Ladung Drogen in einem TIR-Lastwagen in Mailand ankommen und über den Brenner nach Bozen und dann etappenweise in die Vereinigten Staaten gelangen soll. Die Amerikaner informieren uns extra, damit wir die Ladung nicht abfangen, weil sie bei der Ankunft der Ware die amerikanischen Drahtzieher schnappen wollen, während wir die italienischen festnehmen können. So weit, so gut. Wenn jetzt der Oberstaatsanwalt von Bozen den Transport unbedingt aufhalten möchte — wer sollte ihn daran hindern? Und wenn noch andere Staatsanwälte auf die Idee kommen, ein Wörtchen mitreden zu wollen, zum Beispiel der Staatsanwalt von Rom oder von Palermo, wohin die Drogen geliefert werden, bevor sie in die Vereinigten Staaten verschifft werden? Wie viele Genehmigungen zum Nichteingreifen wird man einholen müssen und bei wem? Und wenn der eine Staatsanwalt ja sagt, der andere nein, was dann? Darin läge der Vorteil einer koordinierten Staatsanwaltschaft, die die Eingriffe lenken und unseren Aktionen mehr Effizienz verleihen würde.
Ich bin, was mich betrifft, bereit, mich stärker für diese »Strategie zur Professionalitätssteigerung« einzusetzen, und schlage die Gründung einer von den anderen Staatsgewalten kontrollierten und koordinierten Staatsanwaltschaft vor. Ich

bin überzeugt, daß die Strafverfolgung des organisierten Verbrechens eine Reihe differenzierter Strategien, je nach Ort und nach Art des Verbrechens, erfordert, daß jedoch eine starke zentrale Koordination nicht einer Staatsanwaltschaft ohne Verantwortung übertragen werden kann. Ein großer Jurist unserer verfassunggebenden Versammlung, Piero Calamandrei, befürwortete die Einrichtung des Amtes eines Generalstaatsanwalts beim Kassationshof. Dieser Generalstaatsanwalt würde mit beratender Funktion am Ministerrat teilnehmen. Andere wiederum sprechen von Weisungen des Parlaments an die Staatsanwaltschaft. Ich möchte jedoch vermeiden, daß die Staatsanwaltschaft unter den Scheffel der Exekutive gestellt wird. Ich würde mir wünschen, daß sie im Wesen autonom und unabhängig bleibt, gleichzeitig aber effizienter wird und damit tatsächlich Verantwortung übernehmen könnte.

Ein weiterer Vorteil dieser Umstrukturierung, die ich lediglich als Empfehlung weitergebe, wäre, daß in einem Land, in dem Richter die übertriebene Personifizierung manchmal sogar mit ihrem Leben bezahlen müssen, eine kollektiv verantwortliche Struktur einen umfassenderen Schutz bieten kann. Der heute unter Polizeibeamten und Richtern, die allein ihre Pflicht im Auge haben, weitverbreitete Hyperaktivismus und die Hyperpersonifizierung, die sie verwundbar und leicht identifizierbar machen, würde mit einem Mal aufhören. Dieser Hyperaktivismus und diese Hyperpersonifizierung machen sie zur idealen Zielscheibe der Mafia und des Staates. Denn der Staat profitiert seinerseits von dieser Situation, indem er die Gelegenheit nicht ungenutzt läßt, in bestimmten Fällen den einen oder anderen unliebsamen oder unbequemen Ermittlungsrichter einfach zu versetzen. Diese Personifizierung ist eine schreckliche romanische Schwäche. In Palermo zum Beispiel sprechen mich einige mit »*Dottor* Giovanni« an, wobei »*Dottore*« Ausdruck ihrer Ergebenheit ist

und »Giovanni« auf ihre mutmaßliche Vertrautheit mit mir deuten soll.
Zusammenfassend kann man sagen, daß die Methode zur Verbrechensbekämpfung, die mir vorschwebt, folgende Punkte umfaßt: Steigerung der Professionalität und Spezialisierung der Ermittler; Konzentration der Bemühungen auf bestimmte Prozesse, auf Kosten anderer Prozesse, die man bewußt zur Seite legt, weil man der Überzeugung ist, daß sie im Augenblick weniger wichtig sind; die Aufstellung von koordinierten und zentralisierten Interventionsstrategien; die Ausstattung der Staatsanwaltschaft mit Verantwortung. Diese Staatsanwaltschaft kann nach der neuen Strafprozeßordnung nur noch Partei sein, nicht mehr Partei und Richter zugleich. Von daher ist es normal, wenn sie die Ermittlungen koordiniert, die für eine Anklage sprechenden Elemente sammelt und vor Gericht die Verurteilung der Angeklagten verlangt. Meines Erachtens muß sie eine Art Anwalt der Polizeikräfte werden und gleichzeitig deren effizienter Koordinator.
Das wird schwer, aber früher oder später müssen wir dahin kommen. Wir Richter haben oft unsere Unabhängigkeit verlangt, in Wirklichkeit aber sind wir viel zu lange den Schmeicheleien der politischen Macht erlegen. Sie hüllte uns in den Mantel einer formalen Autonomie und ließ uns somit vergessen, daß wir in Wirklichkeit nicht autonom waren. Eifrig haben wir die Theorie einer von der Exekutive unabhängigen Staatsanwaltschaft unterstützt, aber erst spät haben wir begriffen, daß für eine Staatsanwaltschaft, der die Mittel fehlen, Begriffe wie Autonomie und Unabhängigkeit nichts anderes als Köder sind. Oder das Privileg einer Kaste.
Was kann ein junger Richter, der mit fünfundzwanzig Jahren zum Staatsanwalt einer Stadt im Norden ernannt wird und sich um die Verhaftung des Sohnes einer reichen Familie kümmern soll, mit seiner Unabhängigkeit und Autonomie

schon anfangen, wenn ihm die Erfahrung fehlt? Er wird sich darauf beschränken, der Polizei und den Carabinieri die Leitung und die Koordination der Ermittlungen zu übertragen.
Tatsache ist, daß die Behörden die Arbeit der Strafverfolgung nicht gerade erleichtern. Eine traurige Feststellung. Traurig, dies als Polizeibeamter oder als Richter erleben zu müssen. Aber es gibt Schlimmeres: Wir haben als Ermittler schon zusehen müssen, wie Politiker sich kompromittieren ließen oder sich heimlich mit der Cosa Nostra verbündeten. Denn die Kontrolle über ein Territorium — das methodische Meisterwerk der Mafiaregierung — bedeutet auch die »Aufbereitung« des Territoriums. Mit allen nur vorstellbaren Konsequenzen in bezug auf Politik und Wahlen. Es versteht sich, daß die Mafia auf einen Großteil der Stimmen in Sizilien und in anderen Provinzen den Daumen hält. Der *pentito* Francesco Marino Mannoia sprach von Zehntausenden »beeinflußter« Wähler allein in der Stadt Palermo. Dies zeigte sich besonders deutlich bei den Parlamentswahlen 1987, bei denen es in entscheidenden Wahlkreisen zu massiven Wählerverschiebungen kam.
Die Mafia mischt sich dennoch nicht besonders gerne in die Politik ein. Die politischen Probleme interessieren sie nicht, es sei denn, sie sieht ihre Macht oder ihre Geldquellen durch sie direkt bedroht. Dann natürlich sorgt sie für die Wahl »befreundeter« Verwalter oder Politiker, die manchmal sogar Mitglieder der *Organisation* sind. Sie tut dies selbstverständlich, um die öffentlichen Ausgaben zu kanalisieren.
Aber hin und wieder muß sie auch Gesetze durchbringen, die ihre Gewinnchancen fördern — Auflockerung der Devisenbestimmungen oder der Kapitalexportbeschränkungen etc. —, oder Gesetze verhindern, die sich geschäftsschädigend für sie auswirken könnten (zum Beispiel Transparenz der Bank-oder Finanztransaktionen). Schließlich benötigt die Mafia eine fügsame Kommunalverwaltung, die sich ihrem Expansions-

drang nicht in den Weg stellt, indem sie Baugenehmigungen verweigert oder allzu genau die Baulizenzen und Unterlizenzen kontrolliert.
Abgesehen von diesen Gesetzen von allgemeinem Interesse, wenn man so sagen will, greift die Mafia nicht zuletzt auch in die Politik ein, um die Cliquenwirtschaft aufrechtzuerhalten. Der *pentito* Antonino Calderone berichtete hierüber in seinen Geständnissen: »Es ist immer wichtig zu wissen, welche Politiker von der Cosa Nostra unterstützt werden, weil es dann möglich ist, über sie Vergünstigungen zu erwirken. So hat sich der Mafiaboß von Riesi, Giuseppe di Cristina, aus Enttäuschung darüber, daß er von den Christdemokraten keine konkrete Unterstützung in bezug auf eine Lockerung der polizeilichen Überwachungsmaßnahmen erhalten hatte, an den republikanischen Politiker Aristide Gunnella gewandt. Di Cristina erreichte sogar, daß er auf Vorschlag Gunnellas in ein regionales Institut berufen wurde.« Wen wundert es da noch, wenn die republikanische Partei plötzlich bei den Wahlen in Riesi von einer »Lawine von Wählerstimmen«, wie Calderone sich ausdrückt, förmlich überrollt wird?
Man erkennt unschwer, wie die Mafia der Politik ihre Bedingungen aufzwingt, und nicht umgekehrt. Die Mafia hat per definitionem überhaupt kein Gespür für Tätigkeiten, die — ob man will oder nicht — den Begriff des allgemeinen Interesses mit ins Spiel bringen. Was nämlich die Cosa Nostra interessiert, ist ihr eigenes Überleben und sonst nichts. Sie hat nie daran gedacht, die Macht zu übernehmen und auszuüben. Das ist nicht ihr Metier.
Francesco Marino Mannoia bestätigte, daß die Verschiebungen der Wählerstimmen bei den Wahlen 1987 auf das Konto der Mafia gingen, die den Christdemokraten damit einen Denkzettel verpassen wollte, »weil sie nicht in der Lage waren, die Antimafia-Ermittlungen der Palermer Richterschaft zu stoppen«. Die Wählerstimmen, die von den Christdemo-

kraten abgezogen worden waren, verschoben sich nicht automatisch auf eine andere Partei. Sie verteilten sich auf alle Parteien, die damals den Verwaltungsapparat kritisiert hatten: die sozialistische Partei und die radikale Partei.
Salvatore Greco, der zur Zeit im Gefängnis sitzt, wurde wegen seiner unüblichen Leidenschaft für die Politik auch der »Senator« genannt. Das sagt viel über die ironische Abgeklärtheit aus, mit der die Mafia die Dinge betrachtet. Die stürmischen und manchmal heimlichen Kontakte des Senators wurden mit einem Hauch von Verachtung zur Kenntnis genommen.
Die Aussagen Francesco Marino Mannoias gegenüber dem FBI (Mannoia befindet sich zur Zeit unter dem Schutz der amerikanischen Regierung) bestätigen die Distanz der Mafiosi zur Politik: »Richtig, während der Entführung Aldo Moros durch die Roten Brigaden im Jahr 1978 hatte man die Cosa Nostra angesprochen. Wozu? Sie sollte Kontakt mit den Terroristen aufnehmen und die Freilassung der Geisel erwirken.« Auf Veranlassung Stefano Bontates, der den Christdemokraten am nächsten stand, trat daraufhin die Kuppel — oder Kommission — zusammen. Aber sie spaltete sich schon bald in zwei Lager: auf der einen Seite die Freunde Bontates, die einen Eingriff befürworteten, und auf der anderen Seite die Corleonesen und Pippo Calò, die sich dagegen aussprechen. Letzteren gelang es schließlich, die anderen zu überzeugen, unter Berufung auf das geheiligte Prinzip: »Die Politik ist ihre Sache, nicht unsere.«
Daraus sollte man jedoch nicht schließen, daß die Mafia nicht in der Lage wäre, im Bedarfsfall Politik zu betreiben. Sie hat es mehrfach auf ihre gewalttätige und rasch erledigende Art getan. Sie hat Störenfriede einfach ermordet, wie zum Beispiel 1980 Pier Santi Mattarella, den Christdemokraten und Präsidenten der sizilianischen Region, oder 1982 Pio La Torre, kommunistischer Abgeordneter und Vater des nach ihm be-

nannten Gesetzes, oder 1979 Michele Reina, Provinzsekretär der Christdemokraten. Erst im Zusammenhang mit diesen »auserlesenen Leichen«, von denen man weder die Mörder noch die Auftraggeber gefaßt hat, begann man, von der »dritten Ebene« zu sprechen. Damit ist ein der Cosa Nostra übergeordnetes Netz, eine »Schicht«, eine Organisation gemeint, in der die wahren Verantwortlichen für diese Morde sitzen sollen. Eine Art Suprakomitee, das sich aus Politikern, Freimaurern, Bankiers, Führungskräften und Unternehmern zusammensetzt und das der Kuppel oder Kommission Weisungen erteilt.
Das ist die größte Dummheit, die je verbreitet wurde. Sie zeugt von der grundlegenden Unkenntnis der Beziehungen, die die Mafia zur Politik unterhält, da sie davon ausgeht, daß die Cosa Nostra von einem Organ befehligt wird, das sie selbst nicht kontrolliert. Wie ist diese Behauptung von der »dritten Ebene« entstanden? Durch ein Seminar, an dem mein Kollege Giuliano Turone und ich im Jahr 1982 in Castelgandolfo teilgenommen haben. Wir schrieben zusammen einen Bericht über Ermittlungsmethoden im Zusammenhang mit der Mafiakriminalität. Wir betonten zunächst, daß die Mafia keine Verbrechen gegen ihren Willen begehe, sondern im Gegenteil, daß das Verbrechen selbst das Ziel sei. Weiterhin, daß man, wenn man wirklich verstehen wolle, die Straftaten unterteilen müsse in sogenannte »eventuelle« Straftaten — so lautete unsere Definition — und in »sichere« Straftaten. In der ersten Gruppe erschienen Verbrechen wie Schmuggel, Erpressung, Entführung, die Mittel-zum-Zweck-Straftaten waren, man könnte fast sagen konstituierende Verbrechen der Mafiaorganisation. Wir nannten sie Straftaten der »ersten Ebene«.
Auf »zweiter Ebene« folgten die Verbrechen, die, wenn sie auch nicht direkt zum Dasein der Cosa Nostra gehören, zumindest eine direkte Folge ihres Daseins sind, zum Beispiel die Ermordung eines Ehrenmannes, der einen schweren Irr-

tum gegenüber der *Organisation* begangen hat. Übrig blieben damit all diejenigen Verbrechen, die weder der Gruppe der strukturbedingten Verbrechen (erste Ebene) noch der Gruppe der eventuellen Verbrechen (zweite Ebene) zuzuordnen waren, die aber in einem bestimmten Augenblick begangen wurden, um ganz einfach die Existenz der *Organisation* zu sichern: Beseitigung eines Präfekten, eines Polizeikommissars, eines besonders eifrigen Richters. Diese bezeichneten wir als die »dritte Ebene«.

Ich weiß nicht, auf welchen Irrweg, auf welch geistige Verwirrung oder welch Infantilismus es zurückzuführen ist, daß aus dieser dritten Ebene so eine Art »großer Bruder« geworden ist, ein Marionettenspieler, der von den höheren Ebenen der Politik herab die Fäden der Mafia zieht. Es existiert nicht einmal der Schatten eines Beweises oder eines Hinweises, der die Behauptung eines Gipfels im Verborgenen, der die Mafia nur als verlängerten Arm der Politik benutzt, rechtfertigt. Die Wirklichkeit ist zugleich viel einfacher und viel komplexer. Und damit auch viel gefährlicher für die öffentliche Ordnung als die Theorie der dritten Ebene. Ich glaube, wir hätten die mysteriösen Mitglieder einer italienischen Ausgabe des »Phantoms« längst außer Gefecht gesetzt: Dazu hätte es lediglich eines James Bond bedurft.

Dennoch ist die Frage durchaus legitim, warum es uns noch nicht gelungen ist, die Urheber der politischen Verbrechen zu finden. Zu unserer Entlastung können wir anführen, daß wir schließlich auch nicht die Urheber der nichtpolitischen Verbrechen gefunden haben. Aber das ist zugegebenermaßen eine etwas dürftige Rechtfertigung. Ich finde es allerdings utopisch zu glauben, man könne die Verbrechen der dritten Ebene lösen, bevor man die der ersten und zweiten Ebene gelöst hat. Ferner glaube ich, daß man den wachsenden Reichtum der Cosa Nostra, der ihr zusätzlich Macht verleiht und den sie einzusetzen versucht, um die Ermittlungen zu behindern, keinesfalls unterschätzen darf. Zu guter Letzt glaube ich, daß man sich bewußt sein sollte, daß das in Sizilien herrschende Machtsystem, das sich von der Mittäterschaft und Mitwisserschaft der Mafia ernährt, ein weiteres Hindernis für ruhige und effiziente Ermittlungen darstellt.

Ich glaube, daß die Cosa Nostra in alle großen Ereignisse, die Sizilien betreffen, verwickelt war — angefangen von der Landung der Alliierten im Zweiten Weltkrieg und der Ernennung der Mafiabürgermeister nach der Befreiung. Ich behaupte nicht, besondere Fähigkeiten zu einer gesamtpolitischen Analyse zu besitzen, aber man kann mir auch nicht vormachen, bestimmte Gruppen hätten sich nicht, aus konjunkturell bedingten gemeinsamen Interessen, mit der Cosa Nostra verbündet, um unsere junge und zerbrechliche Demokratie, die schwere Zeiten durchgemacht hat, zu zerstören. Zur Beseitigung störender Persönlichkeiten. Eigentlich wundert mich, daß es nur so wenige waren.

Ich habe oft mit sizilianischen Politikern über die Mafia und über andere Dinge geredet und mich jedesmal gewundert, wie unglaublich wenig sie über sie wissen. Manche waren vielleicht unehrlich, aber trotzdem! Ich glaube, sie haben nicht begriffen, daß eine harmlose Aussage, eine einfache Handlungsweise, die im übrigen Italien, sagen wir, zum normalen politischen Spiel gehört, in Sizilien eine ganz andere, eigene Bedeutung annehmen kann. Nichts ist unbedeutend bei uns, weder der Besuch bei einem Bankdirektor, um einen ganz legitimen Kredit zu ersuchen, noch eine Auseinandersetzung zwischen Abgeordneten, noch ein ideologischer Konflikt innerhalb einer Partei. Es kommt daher vor, daß manche Politiker plötzlich in ihrem eigenen Milieu isoliert dastehen. Manchmal ist dies kaum zu erkennen, und doch ist es extrem bedeutungsvoll bei uns. Diese Menschen werden verwundbar und, ohne es zu merken, potentielle Opfer.

Mattarella, Reina, La Torre waren wegen der politischen Kämpfe, in die sie verwickelt waren, isoliert.
Die Beschaffenheit des sizilianischen Milieus, die allgemeine Atmosphäre spielen eine große Rolle bei den politischen Verbrechen. Es kommt vor, daß jemand, ohne es zu merken, von vornherein zum Tode verurteilt ist, weil er ein paar Erklärungen abgegeben oder bestimmte Handlungen veranlaßt hat.
Man stirbt in der Regel, weil man allein ist oder weil man sich übernommen hat. Oft stirbt man, weil man laienhaft vorgehen muß und weil man keine Unterstützung bekommt.
In Sizilien zielt die Mafia auf die Diener des Staates, die der Staat nicht zu schützen in der Lage ist.

Anhang

Zusammensetzung der »Interprovinziellen Kommission« oder »Kuppel« bis 1963*

Namen	Familienzugehörigkeit	Stand 1991			
		gestorben	ermordet	in Haft	auf der Flucht
Salvatore Greco »Ciaschiteddu«	Ciaculli (Palermo)	×			
Antonino Matranga	Resuttana (Palermo)		×		
Mariano Troia	San Lorenzo (Palermo)		×		
Michele Cavataio	Acquasanta (Palermo)		×		
Calcedonio Di Pisa	Noce (Palermo)		×		
Salvatore La Barbera	Palermo-Zentrum (Palermo)		×		
Cesare Manzella	Cinisi		×		
Giuseppe Panno	Casteldaccia			×	
Antonino Salamone	San Giuseppe Iato				×
Lorenzo Motisi	Pagliarelli (Palermo)	×			
Salvatore Manno	Bocca di Falco (Palermo)		×		
Francesco Sorci	Santa Maria di Gesù (Palermo)		×		
Mario Di Girolamo	Corso Calatafimi (Palermo)		×		

* Die Tabellen wurden übernommen aus: *Les dernières années de la mafia* (Die letzten Jahre der Mafia) von Marcelle Padovani, Editions Gallimard, 1987. Für das vorliegende Werk wurden sie überarbeitet und auf den neuesten Stand gebracht.

Triumvirat in den Jahren 1970 bis 1974

Namen	geb.	Familienzugehörigkeit	Stand 1991			
			gestorben	ermordet	in Haft	auf der Flucht
Gaetano Badalamenti	1923	Cinisi			×	
Stefano Bontate	1938	Santa Maria di Gesù		×		
Salvatore Riina	1930	Corleone				×

Zusammensetzung der »Kommission« in den Jahren 1974 bis 1977

Namen	geb.	Familienzugehörigkeit	Stand 1991			
			gestorben	ermordet	in Haft	auf der Flucht
Gaetano Badalamenti	1923	Cinisi			×	
Luciano Leggio	1925	Corleone			×	
Antonino Salamone	1918	San Giuseppe Iato				×
Stefano Bontate	1938	Santa Maria di Gesù		×		
Rosario Di Maggio	1912	Passo di Rigano	×			
Salvatore Scaglione	1940	Noce		×		
Rosario Riccobono	1929	Partanna		×		
Giuseppe Calò	1931	Porta Nuova			×	
Filippo Ciacalone	1926	San Lorenzo		×		
Michele Greco	1924	Ciaculli			×	
Nenè Geraci	1917	Partinico			×	

Zusammensetzung der »Kommission« im Jahr 1978

Namen	geb.	Familienzugehörigkeit	Stand 1991			
			gestorben	ermordet	in Haft	auf der Flucht
Michele Greco Sekretär	1924	Ciaculli			×	
Salvatore Riina	1930	Corleone				×
Bernardo Provenzano	1933	Corleone				×
Antonino Salamone	1918	San Guiseppe Iato				×
Stefano Bontate	1938	Santa Maria di Gesù		×		
Salvatore Inzerillo	1944	Passo di Rigano		×		
Salvatore Scaglione	1940	Noce		×		
Giuseppe Calò	1931	Porta Nuova			×	
Rosario Riccobono	1929	Partanna		×		
Ignazio Motisi	1934	Pagliarelli				×
Francesco Madonia	1924	Resuttana			×	
Gigino Pizzuto	1930	Agrigent		×		
Nenè Geraci	1917	Partinico			×	

Zusammensetzung der »Kommission« in den Jahren 1979 bis 1980

Namen	geb.	Familienzugehörigkeit	Stand 1991			
			gestorben	ermordet	in Haft	auf der Flucht
Michele Greco, Sekretär	1924	Ciaculli			×	
Pino Greco, gen. »Scarpazzedda«	1942	Ciaculli		×		
Salvatore Scaglione	1940	Noce		×		
Rosario Riccobono	1929	Partanna		×		
Salvatore Riina	1930	Corleone				×
Bernardo Provenzano	1933	Corleone				×
Pippo Calò	1931	Porta Nuova			×	
Antonino Salamone (oder Bernardo Brusca)	1918	San Giuseppe Iato				×
Francesco Madonia	1924	Resuttana			×	
Ignazio Motisi	1934	Pagliarelli			×	
Nenè Geraci	1917	Partinico			×	
Gigino Pizzuto	1930	Agrigent	×			

Zusammensetzung der »Kommission« im Jahr 1982

Namen	geb.	Familienzugehörigkeit	Stand 1991			
			gestorben	ermordet	in Haft	auf der Flucht
Salvatore Riina	1930	Corleone				×
Bernardo Provenzano	1933	Corleone				×
Pippo Calò	1931	Porta Nuova			×	
Michele Greco	1924	Ciaculli			×	
Giovanni Scaduto	1948	Bagheria				×
Rosario Riccobono	1929	Partanna		×		
Francesco Madonia	1924	Resuttana			×	
Andrea Di Carlo	1945	Altofonte			×	
Nenè Geraci	1917	Partinico			×	
Bernardo Brusca	1929	San Giuseppe Iato			×	
Mariano Agate	1939	Mazzara del Vallo			×	
Pino Greco	1942	Ciaculli		×		

Zusammensetzung der »Kommission« im Jahr 1991*

Namen	geb.	Familienzugehörigkeit	Stand 1991			
			gestorben	ermordet	in Haft	auf der Flucht
Michele Greco	1924	Ciaculli			×	
Pippo Calò	1931	Porta Nuova			×	
Bernardo Brusca	1929	San Giuseppe Iato			×	
Pietro Aglieri	1959	Santa Maria di Gesù				×
Nino Geraci	1927	Partinico			×	
Mariano Agate	1939	Mazzara del Vallo			×	
Salvatore Riina	1930	Corleone				×
Bernardo Provenzano	1933	Corleone				×
Francesco Madonia	1924	Resuttana			×	
Andrea Di Carlo	1945	Altofonte			×	

* Anmerkung: Die letzte Übersicht ist eine reine Vermutung.

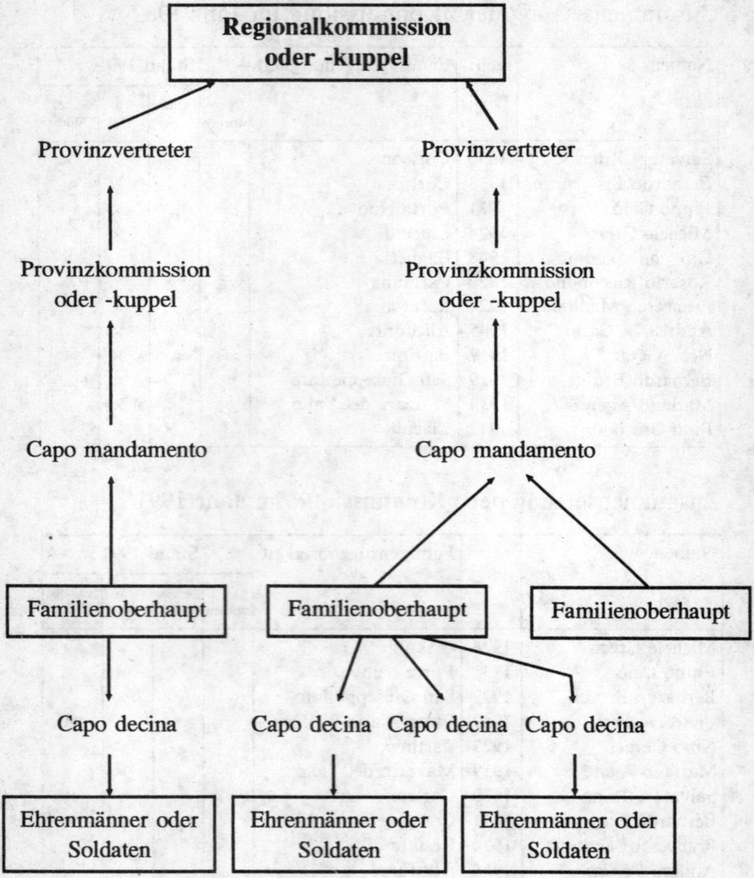

Struktureller Aufbau der Cosa Nostra

1. Diese hierarchisch sehr gut durchstrukturierte Organisation räumt dem »Familienoberhaupt« eine Zentralstellung ein. Über ihm steht die »Kommission«; unter ihm das Fußvolk der Ehrenmänner.
2. Nur in der Provinz Palermo (sie hat die meisten und bedeutendsten »Familien«) gibt es die Provinzkommission. In allen anderen Provinzen wählen die »Familien« einen Provinzvertreter.
3. Sizilien ist in neun Provinzen unterteilt. Es scheint, daß weder in Messina noch in Syrakus, noch in Ragusa die Cosa Nostra als Organisation vertreten ist.

Knaur®

Romane von Johannes Mario Simmel

Von Johannes Mario Simmel sind außerdem bei Knaur erschienen:

Bis zur bitteren Neige (118)
Liebe ist nur ein Wort (145)
Lieb Vaterland magst ruhig sein (209)
Alle Menschen werden Brüder (262)
Bitte laßt die Blumen leben (1393)

(437)

(728)

Foto: Isolde Ohlbaum

(397)

(2957)

Die im Dunkeln sieht man nicht (1570)
Im Frühling singt zum letztenmal die Lerche (60089)
Es muß nicht immer Kaviar sein (29)
Die Antwort kennt nur der Wind (481)
Niemand ist eine Insel (553)
Ein Autobus groß wie die Welt (643)
Meine Mutter darf es nie erfahren (649)
Zweiundzwanzig Zentimeter Zärtlichkeit (819)
Wir heißen Euch hoffen (1058)
Die Erde bleibt noch lange jung (1158)

Knaur®

Polit-Thriller von Michael Molsner

(2087)

(2800)

(2801)

(2802)

(2803)

Knaur®

Brillante politische Analysen

(4849)

(4832)

(4855)

(77008)

(4857)

(4031)